CUANDO "ECHARLE GANAS" NO ES SUFICIENTE

CUANDO "ECHARLE GANAS" NO ES SUFICIENTE

César Lozano

Penguin
Random House
Grupo Editorial

Cuando "echarle ganas" no es suficiente

Primera edición: octubre, 2022

© 2022, César Lozano

© 2022, derechos de edición mundiales en lengua castellana:
Penguin Random House Grupo Editorial, S. A. de C. V.
Blvd. Miguel de Cervantes Saavedra núm. 301, 1er piso,
colonia Granada, alcaldía Miguel Hidalgo, C. P. 11520,
Ciudad de México
© 2023, Penguin Random House Grupo Editorial USA, LLC.
8950 SW 74th Court, Suite 2010
Miami, FL 33156

penguinlibros.com

D. R. © 2019, 2020 y 2021, Olga Zakharova, por las ilustraciones

ISBN: 978-1-64473-663-0

Impreso en Colombia / *Printed in Colombia*

23 24 25 26 27   10 9 8 7 6 5 4 3

Índice

Agradecimientos

Creo que nunca me había sentido tan cerca de Dios como en los últimos años. Probablemente fue por la conjunción de una serie de factores: las decisiones que tomé, las experiencias contrastantes que viví y, por supuesto, la pandemia que todos atravesamos, esto en mi caso me hizo valorar más la salud y la vida. Además, me hizo más sensible ante la cercanía con la muerte y recordé, una vez más, lo vulnerable que podemos ser ante lo impredecible. El acercamiento espiritual que experimenté a través de la oración constante me permite asegurar hoy que la pandemia sacó la mejor versión de mí.

Mi agradecimiento inicia con mi Dios, a quien todo le debo y todo le ofrezco.

A mi familia por ser el motor fundamental de mi vida.

A la gente que me ve en televisión, en redes sociales y me escucha en la radio. Un gran porcentaje de ellos me escribe y sus comentarios terminan convirtiéndose en una valiosa fuente de información para saber qué es lo que puedo aportar a través de mi trabajo y cómo puedo contribuir, de alguna forma, a que disfruten más la vida.

Mi agradecimiento a los doctores y terapeutas que aportaron valiosa información para la elaboración de este décimo libro: Margarita Blanco, Gaby Pérez Islas, Mario Manjarrez, Perla de la Rosa, Axel Ortiz, Rayo Guzmán, al sacerdote católico Ricardo López Díaz y en especial al doctor en Neurociencias Eduardo Calixto. Con gran disposición compartieron su amplia experiencia y complementaron, con fundamentos científicos, cada uno de los capítulos de esta nueva obra que hoy tienes en tus manos.

Gracias también al doctor Fernando García Licea, mi maestro del doctorado en Psicoterapia Gestalt, por todo lo que he aprendido durante este año, lo cual me ha ayudado enormemente a confirmar conceptos que incluyo en este libro.

Mi agradecimiento a todo el personal de mi oficina que con gran profesionalismo y entusiasmo hacen posible que pueda compartir lo que con tanto amor hago.

A mi adorada hermana Gabriela Lozano, por colaborar en este y en todos los libros que he publicado como una gran correctora de estilo.

A mi editor César Ramos, por colaborar, una vez más, en la revisión general de este libro y por creer en esta aventura con la que deseamos tocar miles de vidas.

A mi casa editorial: Aguilar, de Penguin Random House Grupo Editorial, por permitirme publicar un libro más.

Gracias a la directora general de Penguin Random House en los Estados Unidos, Silvia Matute, y a su gran equipo, por la difusión de mis libros con mi querida comunidad hispana.

Al director literario de Penguin Random House, David García, por confiar en mí una vez más y por su amistad de tantos años.

Especialmente gracias a ti, que tienes en tus manos este libro. Estoy convencido de que encontrarás en él nuevas técnicas para entender y disfrutar más la vida.

¡Infinitas gracias!

Introducción

Nos enfrentamos una y otra vez al predicamento de qué decirle a quien sufre, a quien se acerca a pedirnos un consejo ante una adversidad que le aqueja. Con nuestras palabras podemos convertirnos, a veces sin querer, en fuente de esperanza para quien siente que todo está perdido.

¡Qué responsabilidad tan grande es dar un consejo! Y más cuando no es pedido, pero que igualmente damos con el interés de ayudar a quien identificamos que está pasando un momento de dolor; entonces decimos lo que creemos que le puede consolar o aminorar su pena. Por supuesto que no es nuestra obligación aconsejar, pero también es un hecho que solemos hacerlo con cierta frecuencia. Analiza bien estos últimos días y verifica las veces que consciente o inconscientemente has aconsejado a tu pareja, a un hijo, a un hermano, a un amigo, a un compañero de trabajo, a un conocido o hasta a algún desconocido.

Dentro de la gran variedad de momentos penosos que he vivido hay uno que me marcó y está relacionado con este tema. Fui el último en abordar un avión y mientras acomodaba mi maleta en el compartimiento superior de mi asiento que estaba en la zona delantera, escuché a una señora con voz fuerte gritar mi nombre.

—¡Doctor César! ¡Doctor! —probablemente no lo creas, pero todavía soy muy penoso.

—¡Doctor! —seguía gritando la señora con todo entusiasmo buscando que volteara. La saludé de lejos con cierta timidez.

—¡Usted me cambió la vida! —volvió a gritar.

Estaba rojo de vergüenza al sentir las miradas de todos los que iban a bordo. Obviamente todos veían al que "le cambió la vida a la señora".

—¡Doctor!

"No puede ser, otra vez no, por Dios", pensé. Volví a voltear y me gritó con singular alegría:

—¡Gracias a usted me divorcié!

Todos soltaron una carcajada. Fue uno de esos momentos embarazosos que no sabes cómo reaccionar. El señor que iba a mi lado me dijo muy serio:

—Pues sí que le cambió la vida a la dama.

Nunca ha sido mi afán promover separaciones y este acontecimiento me hizo reflexionar sobre la capacidad que todos tenemos para influir en la vida de los demás. Todos tocamos la vida de la gente que nos rodea, para bien o para mal, eso el tiempo lo decidirá.

A todos nos gustaría ayudar de alguna forma a quien se nos acerca a contarnos su pena o su dolor.

Después de escuchar, o hacer como que escuchamos, decimos —y me incluyo, porque en alguna ocasión yo también lo di— el consejo más hueco, insípido e intrascendente que podemos dar: "¡Échale ganas!"

No pues, muchas gracias por tan buen consejo, si no me hubieras dicho que le echara ganas no lo hubiera hecho. ¿En serio es lo mejor que puedes decirle a quien abre su corazón para sacar su dolor o sufrimiento?

También es común escuchar esta otra frase que no sirve para nada: "Hay que salir adelante." ¿Adelante de quién? No es mi afán criticar las buenas intenciones, pero de personas con buenas intenciones está lleno el mundo y no son suficientes cuando de ayudar se trata.

Estoy convencido de que este libro tocará no sólo tu vida, sino también la vida de la gente que amas. ¿Por qué? Porque estoy seguro de que todos, de una forma u otra, tocamos la vida de los demás, para bien y, tristemente, también para mal. Todos influimos en alguien desde la presencia o la ausencia, con una sonrisa, con una mueca, una mala cara o con el don de la palabra, que puede construir o destruir.

Maya Angelou, activista que luchó por los derechos humanos de la comunidad afroamericana en los Estados Unidos, publicó esta maravillosa frase: "La gente olvida lo que le digas, pero lo que jamás olvida es cómo la hiciste sentir."

Todos tenemos la capacidad de hacer sentir algo a quienes nos rodean, todos tenemos una misión en esta vida y espero que tengas la tuya muy clara. Si no es así te invito a que en este momento pienses: ¿para qué estoy aquí? No sé si seas o estés en la etapa de enojo o protesta por las tragedias que has vivido, o peor, si seas de los que dicen: "Yo no pedí nacer." ¡Por favor! Nadie pidió nacer y la realidad está clara, aquí estás y estoy seguro de que es para algo. Depende de ti decidir si llegaste a este mundo para tocar vidas para bien, para mal o simplemente para pasar desapercibido. "¡No noten mi presencia!" Te tengo una mala noticia si eres de estos últimos, si vives sin pena ni gloria, de la misma forma te irás, sin pena ni gloria; para colmo no quedarás en el recuerdo de nadie.

Por supuesto que tienes que estar aquí para algo. Me queda claro que yo estoy aquí para ser feliz y aprender lecciones, buenas y no tan buenas, que me han ido formando y me han hecho la persona que soy hoy. Dichas lecciones me han dejado un aprendizaje que he decidido compartir.

Tú también tienes una misión y estoy seguro de que esa misión tiene que ver con ser feliz, ayudar y trascender. Por lo que te garantizo que, al terminar este libro, tendrás más conocimientos que contribuirán a influir positivamente en la gente que quieres y hasta en la que no quieres. Tendrás técnicas para aumentar tu estado de ánimo y el de la gente en la que decidas influir y que, por alguna razón, ha llegado a tu vida, incluyendo quienes no encuentran la paz o la felicidad.

Vas a tener las palabras para influir, incluso persuadir, a quienes deseas que abran los ojos y vean el mundo diferente, diferente a esa forma negativa en la que se empeñan en verlo. Imagina por un instante el poder que tendrá este libro si, siendo mamá o papá, amando inmensamente a tus hijos, de pronto, se encuentran en una situación crítica y se acercan a pedirte un consejo. Te aseguro que aquí encontrarás las palabras adecuadas para aconsejarlos. También para ayudar a quien ha perdido la esperanza o las ganas de vivir. Sabrás qué decir y qué NO decir cuando se trata de dar un consejo porque, hasta para aconsejar hay niveles. Que quede claro que no se trata de que te conviertas en terapeuta. Se trata de que tengas las palabras adecuadas en el momento adecuado.

Antes de empezar te quiero recordar que nadie da lo que no tiene; es imposible dar agua a un sediento cuando tu vaso está vacío.

Si sentiste la necesidad de adquirir este libro fue porque, muy dentro de ti, deseas ayudar a los demás. Sientes la imperiosa necesidad de tocar favorablemente la vida de alguien o de muchas personas. Pero con la intención no basta, el conocimiento siempre da seguridad, por lo que leerás cada página para llenar tu vaso de sabiduría y compartir fortaleza con quien sufre. Te aseguro que cumpliré al cien por ciento con lo que me corresponde.

Sé que, además, este libro te será de gran ayuda para sentirte más pleno, haciendo realidad el verdadero placer de vivir.

1

Descubriendo tu capacidad de cambiar vidas

Sé que el título de este primer capítulo puede ser impactante, pero es la verdad. Tienes la capacidad de modificar la vida de la gente que te rodea. Puede ser a partir del ejemplo, de tus palabras o acciones. De un momento a otro puedes influir tanto en alguien, que su destino se trasforme. Podrás imaginar la gran responsabilidad que eso conlleva.

Te aseguro que tu vida no será la misma cuando termines este libro. Ponte cómodo, cómoda, y disponte a abrir tu mente y tu entendimiento. Cada vez que tengas la oportunidad de leer este libro, u otro, no importando el género que sea, te recomiendo que te relajes respirando profundo tres veces, de preferencia por la nariz. Puedes hacerlo intentando poner la mente en blanco o pensando en lo siguiente: inspiro amor, espiro miedo; inspiro paz, espiro inquietud; inspiro amor, espiro dolor. Y ahora hacemos esta afirmación tú y yo: "Estoy con la disposición de abrir mi mente y mi entendimiento para que lleguen nuevos conocimientos a mi vida que me ayuden a ser feliz y hacer felices a los que me rodean."

Todos tenemos el poder de cambiar vidas, para bien y para mal. La forma más simple que encuentro para demostrártelo es que vayas al pasado y recuerdes de qué forma tu presencia o tus palabras lograron modificar la vida de alguien en un momento crítico. Cuántas personas te han dicho: "Gracias a ti tomé la decisión de...", "Tú me inspiraste para...", "Si no fuera por ti no hubiera logrado..."; o algo tan fuerte e increíble como cuando probablemente escuchaste: "¡Gracias a ti estoy vivo!" Son frases cortas, pero llenas de fuerza por el impacto que lograste causar en alguien que, en un momento determinado, tuvo contacto contigo.

Te presento **las siete formas más efectivas para ayudar e influir en los demás:**

1. **Impulsar a otros a tomar acción.** Seamos claros, no siempre tenemos el mejor estado de ánimo. Pero a veces sucede que la vida nos pone en el camino de alguien que, aún sabiendo en el fondo de su corazón lo que le hace bien, necesita unas palabras de aliento para lograrlo. Simplemente esa persona no está en su mejor momento, pierde la fe en sí mismo o el cansancio cobra su factura haciéndole creer que no puede o no es lo suyo.

2. **Ofrecer un buen consejo.** Por supuesto, evita el: "Échale ganas." Más adelante te compartiré los buenos y los malos consejos, pero es impor-

tante aclarar que cuando la gente nos cuenta algo que le duele, le molesta, le causa incertidumbre o, simplemente no sabe qué camino tomar, no significa que nos esté pidiendo un consejo. A veces lo único que desea es que se le escuche y esa es una maravillosa forma de ayudar a los demás.

Antes tenía la idea de que, si alguien me contaba una circunstancia compleja de su vida, una queja o una decisión que debía tomar, yo tenía la obligación —o la responsabilidad— de decirle qué hacer, pero no, no siempre es así. Por eso ahora, cuando terminan de contarme lo que les sucede, yo pregunto: "¿Me lo dices para desahogarte o quieres mi opinión al respecto?" Si la respuesta es: "Sí, me gustaría saber tu opinión o qué harías tú en mi lugar", entonces les doy mi punto de vista. En este libro encontrarás algunas recomendaciones que considero las más acertadas en diferentes tipos de conflictos.

Este punto me hace recordar mi conferencia "Mujeres difíciles hombres complicados", en ella platico que a las mujeres no siempre les gusta que les resolvamos la vida, tendencia que generalmente tenemos los hombres. Seamos sinceros, muchachos, nos encanta sentirnos indispensables y salvadores de la situación complicada que viven las "inocentes y sacrosantas mujeres". Nuestro ego se engrandece al sentirnos que les facilitamos la vida y, sobre todo, al sentirnos reconocidos y admirados. Pues hoy te recuerdo que a las mujeres muchas veces les molestan los hombres *apaga fuegos*, me refiero a los hombres *apaga problemas*, los que de manera práctica quieren aconsejar, pero que no ayudan en lo más mínimo.

—Mi amor, no vino la señora que me ayuda.

—¡Córrela!

—Además, me duele mucho la cabeza.

—¡Tómate una aspirina!

—Y ¡mira!, lavé los baños, no me puse guantes y se me irritó la piel de mis manitas.

—Ponte crema.

¡Apaga fuegos! ¡Apaga problemas! Dan respuestas que a ellas no les gustan y, además, la encrespan.

Hay momentos en los que lo único que ellas desean es comprensión, espacio para hablar y ser escuchadas o quejarse y que no les digan qué es lo que tienen que hacer. Qué diferente sería dejar que se quejaran y ayudar en lo posible con palabras y acciones que las hagan sentir importantes.

3. **Comprender los deseos de los demás.** Esta es una maravillosa forma de ayudar a otros. Dije *comprender*, que es muy diferente a *estar de acuerdo* en lo que dice o hace el otro. No soy quién para apagar las ideas, los sueños o los anhelos de alguien que piensa diferente.

¿Quién dijo que tenemos la verdad absoluta? ¿Qué nos hace pensar que todos deben de creer en el Dios que yo creo? ¿En dónde dice que nuestra verdad es la única? La gente tiene sus propias ideas y esas no siempre son afines a las nuestras. Una forma de expresar comprensión, es decir: "Respeto tu opinión y espero que consigas lo que tanto deseas, pero pienso diferente." ¡Y ya! Claro que, si la persona a quien deseas ayudar busca hacer el mal, la situación cambia y tendrás que lograr con tu capacidad de convencimiento y persuasión que cambie de opinión.

En conclusión, la mejor estrategia para comprender los deseos de los demás es escuchar sin interrumpir, alentar en lo posible, si sientes que eso aporta valor y, si crees que puedes contribuir en algo a que se haga realidad, hazlo.

Antes de pasar al siguiente punto quiero contarte una anécdota sobre una excompañera de la preparatoria. ¿Estás de acuerdo que tenemos que comprender los deseos de los demás, pero siempre con una cápsula de *ubicatex* —cápsula imaginaria que nos hace ubicarnos con lo que somos y lo que verdaderamente podemos lograr—? Partamos de reconocer que la belleza es muy subjetiva, lo que es bello para ti para otro no lo es, ¿estamos de acuerdo? Aún así, más o menos todos sabemos qué es lo que buscan los concursos de belleza.

Mi amiga Thelma deseaba con todas sus fuerzas participar en un certamen de belleza de mi ciudad, Monterrey, México. Yo no sabía de dónde venía tanta ilusión. Era chaparrita, de 1.52 metros de estatura, llenita y pues... muy buena gente. Su gran ilusión en el concurso se alimentaba, en parte, por la alta autoestima que sus padres le inculcaron desde muy niña. Le decían constantemente que era la más bella, como podrás imaginarte, se lo creyó.

El conflicto vino cuando me preguntó, muy seriamente, si debería inscribirse al certamen de belleza. Debía dar una respuesta que para mí, en ese momento, implicaría la posibilidad de romper un sueño. Me concreté a preguntarle:

—¿Significa mucho para ti?

—Sí.

—¿Estás consciente de que esos concursos buscan a mujeres más altas que tú?

—Sí —contestó escuetamente.

—¿Estás consciente de que hay mujeres más bonitas?

—Lo sé, pero yo también soy bonita —¡zas!

—Pues si es tu sueño y estás dispuesta a enfrentar las consecuencias de la experiencia, ¡adelante!

Se inscribió y, ya imaginarás, no pasó a la siguiente ronda. Pero era su sueño y todos tenemos derecho a luchar por lo que queremos, más si estamos convencidos de que podemos lograrlo.

4. **Elogiar las cualidades de los demás.** Esta es una maravillosa forma de ayudar a quienes nos rodean. Reconocer el buen trabajo realizado siempre incrementa el amor propio y la autoestima. Quitémonos esa idea radical de que es su obligación hacer las cosas bien. Claro que lo es, pero mucha gente no sólo hace lo que le piden, hace más y añade un increíble valor agregado. La actitud que ponen en lo que hacen, la sonrisa adicional o el platillo preparado con un sabor agradable y una presentación excepcional, deberían de hacernos agradecer y reconocer el trabajo realizado.

En una visita a un restaurante de mi país pedí conocer al chef que preparó nuestros platillos para felicitarlo. Vino a la mesa, le agradecí y le pregunté cuántas veces piden los comensales verlo para felicitarlo por su trabajo. Su respuesta me dejó petrificado: "Muy rara vez, de hecho, no recuerdo cuándo fue la última."

¿Será que nos estamos haciendo insensibles para reconocer el trabajo extraordinario? ¿Será que nos estamos haciendo muy exigentes? Si bien nunca es tarde para reconocer un buen trabajo, lo ideal es hacerlo oportunamente, lo más pronto posible y, sobre todo, con palabras llenas de gratitud y sinceridad. Pero cuidado con reconocer de más o adular, no olvides que detrás de la adulación extrema, puede haber un rasgo de envidia.

Por otro lado, cuando adulamos extremadamente a nuestros hijos o pareja podemos sembrar en ellos la duda de la sinceridad. Pueden darse cuenta que lo que tanto reconocemos no es para tanto: "Bailas mejor que todas", "Eres la más bonita de tu salón de clases", "Juegas futbol como nadie", "Eres el mejor." Con el paso del tiempo se da cuenta que ni es la que baila mejor, ni la más bonita, entonces perdemos credibilidad. Es muy diferente decir: "Para mí eres la más bonita", "Me encanta como bailas" o "Me encanta tu estilo para jugar futbol." Así no dices de más. ¿Me expliqué?

5.   **Devolver favores.** "El agradecimiento es la memoria del corazón." Ser agradecidos con quien hizo algo por nosotros es una maravillosa forma de ayudar. Nunca nos olvidemos de agradecer a quienes de alguna manera nos ayudaron a estar donde estamos.

Hay **dos maneras de devolver favores:**

1.   **Directamente a la persona que hizo algo por nosotros.** No precisamente de la misma forma, pero de alguna manera que para él o ella sea significativo.

2.   **Indirectamente, haciendo algo por alguien más en nombre de quien hizo algo por mí.** Esto funciona muy bien en esas ocasiones en las que ya no tenemos contacto con quien nos tendió la

mano y de esta manera simbólica mostramos nuestra gratitud. "En tu nombre ayudé a tal persona." Se lo puedes decir si es posible, o deja que tu ser y tu corazón sientan la dicha de haber sido parte de una cadena de favores ayudando a alguien que, en su momento, lo necesitó. Mi fe me dice que todo, absolutamente todo lo que hagamos por los demás, será recompensado en el momento y en la forma en que más lo necesitemos.

Imagino el dolor tan grande que puede significar para una madre o un padre sentirse olvidado por sus hijos. Percibir que sus hijos pueden ayudarlos en alguna adversidad (económica o de compañía) y no lo hacen. Por supuesto, habrá quien tenga una historia de mucho dolor con quien le dio la vida y opta por tenerlos lo más lejos posible, es muy respetable su decisión. "Nadie sabe de qué tamaño es la piedra en el zapato, sólo el que lo calza." Pero como padres que amamos a nuestros hijos, que luchamos por ellos y les deseamos lo mejor, aunque no seamos perfectos, lo mínimo que esperamos son dos cosas que jamás pueden faltar: respeto y agradecimiento.

Una forma de agradecer o pagar el favor a nuestros padres de todo lo que han hecho por nosotros, empezando por el don de la vida, es ayudarlos en lo posible. Probablemente su situación económica está sólida y no lo necesiten, pero la presencia física o la presencia a distancia —haciendo uso de las múltiples formas de comunicación que hoy existen— siempre será una bendición para ellos. Mi admiración a mi querida comunidad hispana en los Estados Unidos que, por diversos motivos, no pueden tener cerca a sus seres queridos, pero que se hacen presentes ayudando en lo posible.

No olvidemos la cita bíblica que dice: "Todo aquél que ayuda a su padre y a su madre, nunca le faltará el sustento." Lo he vivido y te doy mi palabra de que es real.

6. **Perdonar.** Esta es una increíble forma de hacer algo por alguien. Perdonar es un proceso, no se trata de decirlo y ya. Hay de agravios a agravios y algunos toman más tiempo de procesar. Cada situación es diferente, por lo que no podemos exigirle a nadie el perdón, aun cuando contemos con un buen número de argumentos.

Sin embargo, siempre es saludable recordar que el perdón es algo que te regalas, un obsequio que te das después de un agravio tan grande. Creemos que el perdón lo otorgamos para que el otro tenga paz, pero el que más paz recibe es quien perdona porque se ha liberado del yugo del resentimiento.

Re-sentir, volver a sentir el dolor. ¿Se te hace poco el dolor que viviste por lo que te hicieron como para seguir sintiéndolo, para seguir pensando una y otra vez en lo mismo? Analiza la ofensa, piensa en las repercusiones emocionales que eso tuvo para ti, recuerda el dolor tan grande que viviste y la factura que te cobró.

Te recuerdo que cada célula de tu cuerpo secreta sustancias durante las crisis de coraje y resentimiento. Después de un ataque de ira el cuerpo humano tarda en recuperarse o estabilizarse de 6 a 24 horas. Ya podrás imaginar los efectos nocivos en las células de tu cuerpo al estar re-sintiendo por una situación que te ocasiona dolor.

"Te perdono porque te quiero, pero me alejo porque me quiero." Frase matona para entender la trascendencia que puede tener el perdón. Por último, por ningún motivo perdonar significa tener que volver con quien tu conciencia te dice que no tienes nada que hacer.

7. **Consolar.** Como veremos más adelante, no siempre son necesarias las palabras para demostrarle a alguien que puede confiar en nosotros. El consuelo verbal, acompañado de una caricia o de un abrazo fortalece enormemente. Consolar es dejar que el otro exprese lo que

siente sin necesidad de hacer juicios, con la libertad de *echar madres* si así lo desea, de gritar, de llorar y que sienta que, en ese momento de dolor, tú estás ahí.

Consolar a quien sufre se convierte en una forma maravillosa de acompañar con o sin palabras, pero siempre con la intención de hacerle sentir que no está solo. Que tiene a alguien a su lado y que su dolor es validado y comprendido. Como dice mi amigo el doctor Walter Riso: "Así como muchas veces tu alegría me alegra, ahora tu dolor me duele."

Por supuesto que las comparaciones son odiosas, pero, cuando se trata de consolar, a veces ayuda mucho decir: "Viví algo similar a lo que estás viviendo", "Conozco a alguien que lo vivió", "No puedo comparar lo que tú sientes con lo que yo sentí porque todos somos diferentes, pero yo viví algo parecido y pude sobrellevarlo después de algunos días." En los trances de la vida a veces creemos que somos los únicos que hemos vivido tragedias, pero cuando nos enteramos o recordamos que no somos ni los primeros ni los únicos sentimos cierto alivio al saber que hay gente que lo sufrió, lo sobrellevó, incluso lo superó.

En este espacio dedicado a consolar, te comparto **siete recomendaciones infalibles para consolar a quien sufre:**

1. **Acércate a la persona y pregunta: "¿Cómo estás?, ¿cómo te sientes?"** Dos preguntas que probablemente tendrán como respuesta automática un "estoy bien". Si crees y sientes que puedes entrar un poco en el dolor de la persona, puedes decirle: "Te veo triste, ¿quieres hablar de ello?" Si contesta que no, di que lo entiendes, es necesario respetar su decisión, no sin antes decirle: "Estaré aquí para ti." Puedes intentarlo después si lo consideras prudente. Si la respuesta es un sí, entonces vamos a la segunda recomendación.

2. **Desde la empatía deja que hable y exprese lo que siente.** Empatía no significa ponerme en sus zapatos porque eso es prácticamente imposible. Es imaginarme qué es lo que está sintiendo. Una actitud empática es ver a los ojos, abrazar si te lo piden y si se puede; dejar que exprese todo lo que siente y mantener una escucha atenta y auténtica —puedes mover la cabeza en señal de afirmación, de que entiendes—. No hagas silencios tan largos, es bueno decir de repente: "Te entiendo, continúa." Usa frases o haz preguntas para que sienta que lo estás entendiendo: "¿Lo que te tiene así es el miedo de quedarte sin trabajo?"

Evita reírte o minimizar las emociones usando frases como: "¿En serio por eso estás así? ¡No te ahogues en un vaso de agua!" Eso en nada ayuda, lo que hace es que la persona que sufre sienta que no eres el o la indicada para escuchar lo que le sucede. Muéstrate amable, comprensivo, afable. De esto y más compartiré en el capítulo "Errores y aciertos cuando de ayudar se trata".

3. **Pregúntale: "¿Cómo puedo ayudarte?"** A veces nos adelantamos a ofrecer la ayuda que creemos puede solucionar parcial o totalmente el problema en cuestión, pero no siempre es lo mejor. Lo óptimo es preguntar directamente: "¿Dime qué puedo hacer para que te sientas mejor?", "¿Dime si puedo ayudar en algo para evitar que te sigas sintiendo así?" Si no está en tus posibilidades ayudar con lo que te pide, exprésale lo que sí puedes hacer, si te es posible dile que lo apoyarás a buscar la ayuda que necesita, o simplemente di que no estás en condiciones de ayudarle en eso que te pide, pero que estás ahí para escucharlo. Que sienta que no está solo.

4. **Valida sus sentimientos.** Evita a toda costa decirle: "No llores", "No estés triste" o "No te sientas mal", estas frases hacen

que la persona se sienta incomprendida. La tristeza es una reacción normal, tenemos derecho a sentirnos tristes, desvalidos o enojados. Validar los sentimientos ayuda a que se acepte la emoción por más dolorosa que sea. Las frases recomendadas para validar sentimientos o emociones son: "Siento mucho que estés pasando por esto", "Tiene sentido que te sientas así", "Tienes derecho a estar enojado."

5. **Deja que llore si quiere, pero tampoco le exijas que lo haga.** En una ocasión estuve en un velorio donde la típica tía metiche se la pasó pidiéndole al hijo del difunto que llorara. "Llora Chuy, ¡no llorar te va a hacer daño! Anda, llora, ven a llorar conmigo." Y el Chuy le decía que no quería llorar y ella terca: "¡Llora, te vas a enfermar!" Para acabarla de fregar, el papá no era un hombre tan bueno y ejemplar como para estar derramando lágrimas por él. ¡Era tremendo! Desobligado, maltratador, mujeriego. ¡¿De dónde quería la tía que sacara las lágrimas el Chuy?! Así como es importante respetar que alguien prefiera no llorar, es importante respetar al que sí llore, no le digas: "¡No llores! ¡No es para tanto!" Déjala, déjalo que llore, que saque toda esa

emoción que lo está dañando y exprésale que no tiene nada de malo llorar.

6. **Sé positivo.** Esto quiere decir que hagas lo posible por evitar que la tristeza te hunda a ti también. Sé que a veces nos es más fácil dejarnos llevar por el dolor del otro —más cuando se trata de un hijo, hija, padre o madre—, pero lo que buscas es dar consuelo, no hundirte en su dolor. Procura escuchar sin abrumarte, controla tus emociones.

Una técnica que aprendí hace muchos años para este tipo de circunstancias es, cuando me están contando algo con carga emocional fuerte, poner duro mi abdomen, tomarme un respiro largo y darme tiempo de componer mis ideas.

Otra técnica para cuando sientas que no puedes contener el llanto y que llorar en ese momento no es lo más saludable para consolar, es respirar profundo y mirar hacia otro lado por un momento, como si estuvieras pensando en lo que te están diciendo. Busca un punto en la pared para concentrarte o mírate las manos con atención. Aleja tu mente por un momento de la situación que está a punto de quebrarte.

Entonces llegará el momento en el cual puedes buscar las palabras que creas precisas para acompañar y aliviar el dolor del otro. Te daré más recomendaciones en los siguientes capítulos, por ahora basta con resaltar que lo más importante es que proyectes actitud positiva en esos momentos, que logres transmitir que por muy grande que sea el dolor, todo pasará. Una frase que desde ahora puedes utilizar y te aseguro que ayudará es: "Por más dolor que haya hoy en tu corazón 'todo pasa'. Todo esto va a pasar." ¡Ah! pero por favor, no le digas que le "eche ganas".

7. **Dale espacio.** Habrá instantes en los cuales ya no desee hablar, simplemente habrá silencios largos. Es momento de que acomode sus pensamientos y darle espacio es muy satisfactorio. Es la oportunidad en la que puede respirar profundo después del desahogo. Pregúntale si desea estar solo un momento. Ese espacio y esa quietud le serán fundamentales para acomodar sus pensamientos y sentimientos. Invítalo a cambiarse de lugar, a salir a la terraza o al jardín, sentarse en la entrada de la casa o ir a un parque cercano. El cambio de espacio lo interpreta la mente como un cambio de encuadre del problema en cuestión. Salir a tomar aire siempre ayu-

da, moverse de lugar ayuda para reacomodar los pensamientos desgastantes, fatalistas y negativos. Es una forma de cambiar el foco de atención que puede estar ciclado en lo negativo.

Para terminar este primer capítulo quiero recordarte los **cinco grandes beneficios de ayudar a los demás:**

1. **Elimina el estrés.** Vivimos en un mundo lleno de actividades estresantes que poco a poco van desgastando nuestro cuerpo. Cuando haces una obra de bondad por otra persona tu cuerpo libera ciertos neurotransmisores como oxitocina, dopamina y serotonina que no sólo ayudan a contrarrestar el estrés, sino que te hacen sentir feliz, relajado y tranquilo.

2. **Te sientes útil.** ¡Qué mejor forma de trascender! Qué manera tan maravillosa la de presentarnos al final de nuestros tiempos y decirle al creador: "¡Misión cumplida! ¡Ayudé en lo posible!" Sentirse valorado es importante en la vida de todas las personas. Hacer un trabajo desinteresado por otros aumenta nuestra autoestima y confianza porque reconoces en ti la capacidad de hacer algo bueno por los demás.

3. **Recibes más.** Sabes que existe la ley de causa y efecto, que todo lo que siembras en esta vida

será cosechado más adelante, que tratar al otro como te gustaría ser tratado es la mejor inversión que puede existir. Las personas que dan más, reciben más, la Biblia lo dice. Y si prefieres verlo desde el *karma*, lo que envías al universo, se te retribuye con creces. Quienes somos creyentes en Dios sabemos que Él no se deja ganar en generosidad. No se trata de invertir grandes cantidades de dinero, da lo que puedas, ayuda como puedas, pero no olvides que tu tiempo es lo más valioso que puedes dar.

4. **Serás más agradecido.** Al conocer y ayudar a distintas personas en situaciones menos favorecidas que la tuya notarás cómo tienes más energía y optimismo. Aprenderás a valorar más todo lo que tienes y a no quejarte tanto.

5. **Cambias vidas.** Ese es el objetivo fundamental de este libro. Que cambie tu vida y toques vidas favorablemente, que no pases por este mundo sin trascender en los demás. Nunca subestimes la influencia que puedes tener en otra persona. Un pequeño gesto, una palabra de aliento, un abrazo o una mirada pueden cambiar drásticamente la vida de alguien que lo necesita.

Antes de concluir quiero compartirte lo siguiente: hace unos meses me enviaron una historia que me conmovió, desconozco el autor, pero me pareció maravillosa, espero que encienda una reflexión en ti:

Cristian por poco no ve a la señora en el auto parado a un costado de la carretera. Llovía fuerte y era de noche. Pero de pronto notó que ella necesitaba ayuda. Así que paró su auto y se acercó. El auto de la señora aún olía a nuevo y ella pensó que podía ser un asaltante. No le inspiraba confianza, parecía pobre y hambriento.

El joven percibió que ella tenía mucho miedo y le dijo:

—Estoy aquí para ayudarla señora, no se preocupe. ¿Por qué no espera en el auto para que no tenga frío? Me llamo Cristian.

Lo que pasaba es que su auto tenía una llanta ponchada y, para colmo, era una señora de edad avanzada, algo complicado para ella. Cristian se agachó, colocó el gato mecánico y levantó el auto. Enseguida estaba cambiando la llanta. Pero quedó un poco sucio y con una herida en una de sus manos.

Cuando apretaba las tuercas de la rueda ella abrió la ventana y comenzó a conversar con él. Le contó que no era de la zona, que sólo estaba de paso por allí y que no sabía cómo agradecerle por su valiosa ayuda. Cristian apenas sonrió mientras se levantaba.

Ella preguntó cuánto le debía. Ya había imaginado todas las cosas terribles que podrían haber pasado si Cristian no hubiese parado para socorrerla. Él no pensaba en dinero, le gustaba ayudar a las personas... ese era su modo de vivir. Y respondió:

—Si realmente quisiera pagarme, la próxima vez que encuentre a alguien que precise de ayuda, bríndesela y acuérdese de mi.

Algunos kilómetros después la señora se detuvo en un pequeño restaurante, la camarera vino hasta ella y le trajo una toalla limpia para que secase su mojado cabello y le dirigió una dulce sonrisa.

La señora notó que la camarera estaba de casi ocho meses de embarazo, pero que ni la tensión, el cansancio o los dolores le cambiaban su actitud.

La señora sintió curiosidad al saber cómo alguien teniendo tan poco, podía tratar tan bien a un extraño. Entonces se acordó de Cristian. Después de que terminó su comida y, mientras la camarera buscaba cambio, la señora se retiró.

Cuando la camarera volvió buscando a la señora lo que encontró fue un escrito en una servilleta junto a 5 billetes de 100 euros. En la servilleta decía: "Tú no me debes nada, yo tengo bastante. Alguien me ayudó hoy y de la misma forma te estoy ayudando. Si tú realmente quisieras reembolsarme este dinero, no dejes que este círculo de amor termine contigo, ayuda a alguien."

Aquella noche la chica llegó a su casa cansada y se acostó en la cama, su marido ya estaba durmiendo. Se quedó pensando en el dinero y en lo que la señora dejó escrito. ¿Cómo pudo esa señora saber cuánto ella y el marido precisaban de aquel dinero? Con el bebé que estaba por nacer el próximo mes todo estaba difícil. Se quedó pensando en la bendición que había recibido y esbozó una gran sonrisa. Agradeció a Dios y se volvió hacia su preocupado marido que dormía a su lado, le dio un beso suave y susurró:

—Todo estará bien. ¡Te amo, Cristian!

La vida es así, un espejo, todo lo que das, vuelve a ti.

2

El increíble poder de tus palabras

Hay un ejercicio que suelen usar algunos conferencistas para comprobar el poder que tienen las palabras. Pasan al escenario a un voluntario, el expositor le pide que extienda uno de sus brazos y entonces pone resistencia con su mano para que no pueda levantarlo. Le pide que haga el esfuerzo por levantar su brazo y lo logra con mucha dificultad por la resistencia que hace el expositor. Luego le pide que repita frases motivadoras como: "¡Soy fuerte!", "¡Estoy sano!", "¡Puedo lograr lo que me proponga!" ¿Qué sucede? El expositor le pide que levante su brazo con la misma resistencia y lo levanta con mucha más facilidad.

No cabe duda de que las palabras tienen el increíble poder de motivar y desmotivar, de hacer sentir muy bien o terriblemente mal. Por ahora quedémonos con lo positivo de las palabras.

Inicio recordando la fuerza que tienen las afirmaciones en nuestra vida:

- Soy afortunado, nací para ser feliz.
- Ser feliz es mi derecho de nacimiento. Ese es mi verdadero trabajo.
- No se gana ni se pierde. Siempre se aprende.
- Hoy me convertiré en mi mejor versión.
- Soy fuerte, sano, feliz y afortunado.
- "Dios conmigo, ¿quién contra mí?"

Al decir estas afirmaciones enviamos un mensaje a nuestra mente subconsciente —que, por cierto, todo se cree— y modificamos la bioquímica de nuestro organismo. Esto se debe a que con afirmaciones positivas nuestras células secretan sustancias relacionadas con la paz, la armonía y la felicidad, estas son endorfinas, serotonina, norepinefrina y oxitocina, más si agregamos un abrazo o un autoabrazo.

Existen muchos estudios neurocientíficos que apoyan el hecho de cómo las frases y afirmaciones positivas, cuando se repiten constantemente, pueden introducirse en la mente subconsciente y generar un impacto positivo en la persona y su comportamiento.

En concreto, estas afirmaciones cambiarán los senderos neuronales, por lo que estarás más inclinado a tener pensamientos optimistas, los que dan origen a hábitos positivos y a una vida más feliz.

Los creadores del concepto de neurolingüística, Richard Bandler y John Grinder, sostienen que existe una conexión entre los procesos neurobiológicos, el lenguaje y el comportamiento que se aprenden a través de la experiencia de las palabras. Existen algunas palabras que están tan cargadas de emoción que, con sólo decirlas, te invade tal estado. No es lo mismo decir: "Soy un desastre" a decir: "Me falta habilidad en esto." Puedes hacer la prueba, di alguna frase y presta atención a cómo te sientes.

Las palabras a veces son más fuertes que las acciones y por supuesto que las palabras no se las lleva el viento, pueden quedarse muy grabadas en nuestro interior a tal grado que pueden marcarnos por mucho tiempo. Las palabras toman intensidad dependiendo de quién vienen y del estado de quien las recibe. Si alguien recibe una frase similar a "nunca lograrás nada productivo en tu vida" en una etapa de desarrollo como es la niñez o la adolescencia y, además, se encuentra en una crisis afectiva, podemos imaginar el impacto que tendrá en su vida presente y en la futura.

Teniendo en cuenta el poder del lenguaje quiero compartirte algunas **recomendaciones para que tus palabras tengan impacto positivo en ti:**

1. **Cuida tu dialogo interior.** Siempre nos estamos hablando, desde que despertamos estamos teniendo un diálogo con nosotros y que no siempre es positivo ni asertivo. Dedica unos minutos de tu tiempo para analizar lo que te has dicho recientemente, cuando ibas en el auto, cuando te bañabas, cuando caminaste del auto al supermercado. Analiza los juicios de valor que haces de la gente con la que te topas: "¡Mira qué cara!", "¡Qué feo se viste!", "¡Qué raro se ríe!" Haz conscientes los juicios que haces de los demás para que empieces a modificar paulatinamente tu diálogo interior. Después analiza qué te dices, qué piensas en soledad, ¿mayormente estás pensando en positivo o negativo? Tu diálogo tiene que ver con "cómo si" o con un "por qué no", tiene que ver con "sí se puede" o "la vida es muy difícil", con "qué amable es la gente" o "qué déspotas son todos". Es increíble que el diálogo interior pueda influir tanto en nuestro estado anímico.

2. **¿Cuántas veces usas la palabra NO?** Claro, decir NO puede evitarnos muchos problemas, pero si dices: "Se me hace que NO me quieres tanto como yo a ti", más que una afirmación se convierte en un decreto. "No quiero que te vayas a quejar de lo que te voy a decir." Si existiera alguna posibilidad de quejarme por lo que me dijiste la buscaré mentalmente hasta que la

encuentre. En lugar de: "No me gusta que seas así", mejor di cómo te gustaría que fuera, qué parte negativa de su persona se puede convertir en positiva. "Me encanta que te rías, aunque a veces, al hacerlo, me enseñas toda la comida que estás triturando en la boca."

En el desarrollo de un niño la madre le dice miles de veces la palabra NO. "¡No!, deja ahí." "¡No!, te caes." "¡No!, te quemas." "¡No! viene el viejo del costal por ti." Esa última me la decían mucho cuando era niño, ya te imaginarás el terror cuando un día vi a un señor con un costal cerca de mi casa.

Claro que a veces es imposible dejar de decir la palabra NO, pero los expertos en psicología infantil dicen que es más recomendable decir lo que sí quieres que haga y en los casos necesarios dar una explicación del riesgo que puede existir. "Si metes la mano ahí puedes dañarte." "Si cruzas sin ver, viene un auto y te puede atropellar." "Ten cuidado porque está resbaloso el piso."

En otras palabras, da alternativas y hazle saber las consecuencias. Por supuesto que se requiere mucha, pero mucha paciencia. Si abusas de la palabra NO tu hijo dejará de escucharte porque le restará la importancia que tiene, al igual que a los gritos. "¡No molestes a tu hermana!" "¡No grites!" "¡No hagas esto!" "¡No! ¡No, no y no!"

Reitero, la clave es cambiar el no por lo que sí quieres, con esto se convierte en un discurso positivo. "Deja a tu hermana tranquila por favor, está haciendo su tarea." "Estoy hablando por teléfono, ahorita veo eso." En lugar de: "¡No molestes!" o "Deja de portarte mal", pregunta: "¿Qué pasa?, ¿por qué estás tan inquieto? Ven siéntate un rato y platiquemos."

En mi programa de radio entrevisté a la terapeuta y escritora Rayo Guzmán quien compartió con la audiencia algo muy importante. Se dice que las voces de los padres se convierten en guías interiores para los hijos; que las declaraciones de los padres se transforman en profecías. Por lo que debemos de ser muy cuidadosos en lo que decimos, el niño está explorando la vida a través de las voces de sus padres. Tan importante es lo que se dice como el cómo se dice. Hay estudios que revelan que el tono de voz usado por los padres al hablar con sus hijos es determinante en cómo asimilan el mensaje. Voces calmadas igual a niños tranquilos que aprenden a escuchar. Voces histéricas igual a hijos inquietos y, a veces, insensibles.

La terapeuta Rayo Guzmán también compartió **cuatro frases que ayudan en el desarrollo de los hijos:**

- "Si te cansas, descansa, pero no renuncies." Ayuda a evitar que abandonen sus sueños y sus metas.

- "Lo único imposible es aquello que no intentas." Ayuda a confiar en sí mismos, a rebasar sus miedos.

- "De todo lo que llevas puesto, la actitud es lo más importante." ¿De qué sirve ir elegante, pero con esa cara de frustración? Ayuda a recordar que la actitud es determinante para ser feliz y tener éxito en lo que se emprenda.

- "No existe nadie como tú; eres único e irrepetible tal como eres." Ayuda a recordarles el amor incondicional.

3. **Utiliza un lenguaje en positivo.** Cuando la misión es motivar, reconfortar, ayudar, servir o dar, es fundamental utilizar las palabras de manera asertiva. Decir las cosas en el momento correcto y con las palabras correctas puede convertirse en un reto cuando hay emociones de por medio.

   No siempre vamos a estar a favor de lo que la otra persona dice o expresa. No siempre estaremos de acuerdo con lo que escuchamos y es necesario expresar nuestro sentir, si no, le estamos siguiendo la corriente o simplemente le decimos lo que quiere escuchar, y eso no es ayudar.

La regla positivo, negativo, positivo (+ - +) siempre ayuda cuando se trata de corregir a quien se equivoca. Comienzas con algo positivo, después dices en lo que no estás de acuerdo y terminas con algo positivo. Veamos un ejemplo, alguien se acerca contándote que está sufriendo porque jamás volverá a encontrar el amor en su vida. Acaba de terminar una relación de pareja por sus celos enfermizos y su terrible costumbre de ser posesiva, actitud que ha llevado a su pareja al hartazgo y a marcharse. Una buena respuesta siguiendo el método + - + sería así:

Iniciamos con lo positivo: "Estoy de acuerdo que el amor que se tuvieron fue inmenso y que, por ahora, ves el panorama así porque la relación recién terminó." Continuamos con el negativo: "Eres responsable de tus acciones llenas de celos y este es el resultado, esto fue tu lección de vida." Por último, el final positivo: "Estoy seguro que con el paso del tiempo te sentirás mejor y, lo más importante, te tienes a ti y aprendiste la lección." El + - + ayuda enormemente cuando de consolar se trata, sin necesidad de estar de acuerdo con todo lo que escuchas.

Más adelante te daré otras palabras que reconfortan corazones heridos, pero hoy quiero enfatizar en que una frase dicha en el momento adecuado puede hacer milagros en quien sufre. Hay muchas frases ya escritas que pueden fortalecer y acompañar a quien sufre, por lo que a veces ni es necesario inventarlas. Te comparto algunas que publiqué en mi libro *Las frases matonas de César Lozano*, te garantizo que serán de gran ayuda en cualquier adversidad:

- Al paso del tiempo se aprende que nada es para siempre. Todo cambia. Agradecer y dejar fluir es lo que te dará estabilidad.
- Nada ni nadie debe obstaculizar tu verdadero talento, que la adversidad no te haga dudar de lo que eres y lo que realmente vales.
- En el fondo de tu corazón tú sabes cuando alguien no te quiere o algo no te conviene. Deja de sujetar lo que ya debes de soltar.
- ¿El amor acaba? ¡claro! Cuando abundan las ofensas, promueves tu indiferencia y olvidas los detalles que me hicieron amarte.
- La gente va a hablar de ti, hagas el bien, hagas el mal o no hagas nada. La opinión de los demás aporta, pero la que tú tengas de ti es la que realmente importa.

O estas tres frases de las que desconozco el autor pero que me parecen sumamente poderosas:

- Nunca sabrás qué tan fuerte eres, hasta que ser fuerte sea tu única opción.
- A veces los éxitos y la felicidad vienen envueltos en un papel llamado adversidad.
- Si alguien quiere entrar en tu vida que entre, si alguien quiere salir de tu vida que salga, pero no permitas que se queden en la puerta, porque estorban. A lo que yo agrego: "¡Circulando! ¡El agua estancada se apesta!"

La gente tiende mucho a pensar en el pasado o en el futuro y se olvida del presente. Cuando están en el pasado piensan: "¿Por qué me sucedió esto?", "Pude haber ido", "Pude haber dicho que no", "No debí hacer esto", "Hubiera hecho esto", etcétera. Y cuando piensan mucho en el futuro: "Y si esto...", "Y si sucede", "Y si me quedo sin trabajo", "Y si me deja de querer", "Y si me enfermo."

Yo te diría: "¿Y si no pasa nada?" Pensar mucho en el pasado causa sufrimiento, pensar mucho en el futuro causa ansiedad. Junto a tus pensamientos, tus palabras pueden tener una fuerza increíble en ambos casos.

Si alguien se queja amargamente del pasado no olvides las frases poderosas que pueden ayudar a consolar:

- En su momento tomaste la decisión que creías correcta.
- ¿Qué aprendiste?
- ¿Qué sí puedes cambiar?

Y para que el futuro no te atormente más, te comparto las preguntas que Byron Katie hace en su libro *The Work* y que publiqué en libros anteriores. Piensa en algo que te atormente del futuro y respóndete:

- ¿Es verdad?
- ¿Estás absolutamente seguro de que va a suceder eso?
- ¿Cómo te sientes cuando piensas en eso?
- ¿Quién serías tú si no pensaras en eso?

Si la persona es creyente y quieres agregar algo con más fuerza, te recomiendo decirle lo siguiente: "¿Dónde está la fe que dices que tienes en un poder infinito llamado Dios? Es momento de poner en movimiento tu fe."

Tus palabras cobran vida en quien siente que la esperanza está perdida. Las palabras dichas en el momento correcto, con la intención de ayudar en un proceso de sanación, pueden hacer milagros en quien siente que no hay nada más qué hacer.

3

Uno propone... la vida y tú disponen

Sí, sé que la frase más conocida es: "Uno propone y Dios dispone", pero como creyente me pregunto si siempre Dios dispone lo que me sucede, si es Él, con su infinito poder, el que dispone todo lo que me ocurre y que, en muchas ocasiones, va en contra de lo que planeo con tanta ilusión. Deseamos con mucho fervor algo que creemos que es lo mejor, lo planeamos, incluso lo visualizamos como si ya estuviera realizado.

Pues déjame decirte que es verdad, uno propone y la vida, tú y yo disponemos, sin necesidad de culpar a Dios de los cambios que pueden ocurrir. Y te comento esto porque inicié la escritura de este libro en un lugar en el que jamás imaginé que iba a encontrarme escribiendo. Un lugar recóndito del mundo llamado Punta Arenas, en Chile, donde se suponía que iba a iniciar un recorrido inolvidable a bordo de un crucero llamado *Australis*, visitando varias ciudades de la Patagonia Chilena, incluyendo la vista espectacular de glaciares, los cuales me han llamado la atención desde niño. Un viaje que programé seis meses atrás y al cual invité a mi familia pero, por diversos motivos, sólo mi hija Almita pudo venir a disfrutar esta increíble experiencia conmigo. Estaba seguro de que sería inolvidable para los dos y así fue.

Siempre he afirmado que el viaje se vive desde que comienza la planeación, por lo que ya desde la llegada al aeropuerto sentíamos una emoción indescriptible, semejante a esa sensación de mariposas en el estómago. Entramos a Chile con ambas pruebas de Covid negativas, la de antígenos y la PCR. Yo traía ciertos síntomas que apuntaban a una gripe y lo informé debidamente a las autoridades de salud en el aeropuerto del país de arribo, por lo que me solicitaron que, durante las horas que tardara el resultado, no podía salir del hotel en el que estaba hospedado. ¿Qué hace César Lozano cuándo teme que algo malo suceda? ¡Claro! Orar y pedir a quien todo lo puede que sólo sea una gripe sin consecuencias. Decretar que todo va a estar bien y confiar plenamente.

Los resultados llegaron seis horas después, indicando que era completamente negativo al virus que provoca el Covid. Mi euforia fue enorme y mi agradecimiento a Dios más.

Mi hija llegó al día siguiente con un estrés similar al mío de que su prueba resultara positiva. En aquel momento los casos de la nueva variante se incrementaron drásticamente en menos de una semana, por lo que, de haberlo sabido, habría suspendido el viaje. Pero Almita resultó también negativa y nuestra celebración previa al viaje a Punta Arenas y al barco inició.

Estuvimos un día completo conviviendo en Santiago y al siguiente volamos tres horas a Punta Arenas. Antes de subir al barco nos informaron que teníamos que realizarnos otra prueba de antígenos para confirmar la ausencia de enfermedad en todos los pasajeros. Otra vez se incrementó en nosotros el estrés y mi hija me compartió un presentimiento: "Papi, uno de los dos va a salir positivo." Mi acostumbrada frase motivadora se hizo presente: "¡No te adelantes a los hechos, vivamos el presente y tengamos fe en que no será así!" Tengo que confesar que lo dije con todo y los síntomas que el miedo y el estrés conllevan: taquicardia, aumento de la frecuencia respiratoria, sensación de incertidumbre y demás.

En ese momento hablé con una amiga muy querida, ella, con una fe inquebrantable me dijo: "¡Claro que no! ¡Van a salir negativos los dos!" A veces me pregunto ¿de dónde sacan tanta seguridad los amigos y familiares para hablarnos con tan alta confianza ante lo que no sabemos que va a suceder? ¿Nos sentiremos todos psíquicos cuando de fortalecer y animar se trata? Para evitar extender el relato, resulté positivo en ambas pruebas. Mi hija me expresó el tan esperado: "¡Te lo dije! ¡Sabía que algo malo iba a suceder! Lo presentía."

Nunca la vi triste, jamás la sentí enojada ante lo que venía, que era obviamente la cancelación del viaje y entrar en cuarentena en el hotel sin vernos, ya que ella había dado negativa. Diez días de aislamiento, que para mí significaban cortarme las alas y entrar en un lapso en mi vida que jamás imaginé vivir. Pero la actitud y madurez de mi hija me tranquilizó, lo tomó con una calma que, sinceramente, no esperaba. Llegar hasta allí había implicado muchas horas de vuelo cargadas de ilusión, disponerse a abandonar esas emociones y expectativas era sin duda difícil. Sin embargo, dijo: "¡Ni modo, por algo es!" Me fui al hotel sin ver a nadie, ni a mi hija, eso fue de lo que más me dolió los primeros días.

Le hicieron otra prueba días después y resultó positiva. Obviamente su papá la contagió. Entré en cierto estado de tristeza por la culpabilidad que sentí en ese momento; tanto ella como yo nos habíamos cuidado demasiado durante los dos años de esta pandemia, hasta el momento en que me decidí a escribir el inicio del libro.

Uno propone, y yo dispuse irme primero a Buenos Aires, Bariloche y después a Chile a encontrarme con mi hija.

Uno propone y la vida presenta un cambio inesperado con este virus que ha dado ya dos variantes y esta última resultó ser más contagiosa, aunque menos peligrosa.

Uno propone y, no sé si Dios quiso cambiar mis planes por algo o para algo, pero a lo que voy es que por supuesto que protesté a quien siempre le he tenido una fe ciega. Me enojé con él, le cuestioné por qué permitía que me sucedieran esas cosas si me considero una persona buena, que no daña a los demás, y así una larga lista de justificantes donde casi casi me convierto en mártir y santo. Claro que no obtuve la respuesta, como tantos santos que sí lo escucharon en su momento.

"No es justo, no se vale, en qué momento me contagié si me cuidé tanto." "¿Cómo es posible?" "¿Qué te hice para que me hicieras esto?" Todas frases que no tienen respuesta.

Conforme pasaron los días aproveché las horas de aislamiento en mis tareas del doctorado en psicoterapia, en el diseño de un seminario nuevo de cinco módulos y en el inicio de mi décimo libro, el que hoy tienes en tus manos.

Si en algo tan banal como es un viaje —el cual gracias a Dios tengo con seguro y se puede realizar en otro momento— me pongo así, ¿qué podemos pensar de quienes esperan con fe el resultado negativo de una prueba para descartar cáncer y, después de mucha oración, sale positiva? ¿De los padres y madres de familia que oran por el bien de sus hijos ante una situación crítica y lo crítico sucede?

Sé que en este momento pasan por tu mente varias situaciones en las que sentiste que el destino se puso en tu contra, en las que supuestamente Dios se confabuló contra ti para que algo malo sucediera. El universo o El Creador han sido tan generosos contigo que ahora te corresponde una prueba para medir tu verdadera fe.

¿En serio crees que las cosas son así? No puedo imaginar a un Dios que está mandando pruebas a sus hijos para ver cuánto aguantan. No puedo imaginar que la vida nos esté probando constantemente para ver nuestra fortaleza ante las adversidades.

Llego a estas conclusiones, espero te sirvan cuando planeas, sueñas, visualizas, luchas y, de pronto, todo se cae sin saber por qué:

1. **Bienvenido a la vida.** Esto es vivir, una montaña rusa de subidas y bajadas inesperadas que, de una forma u otra, son parte de nuestra existencia. Desde que nacemos estamos sujetos a vivir cosas muy buenas y circunstancias no tan buenas. Hace tiempo escuché esta frase: "Las cosas no son como uno quiere, son como son." Queremos evitar las tragedias, el dolor profundo, pero son cosas que suceden, muchas veces impredecibles y difíciles de evitar. Esto es la vida.

2. **Nadie está exento de vivir adversidades.** Ni la madre Teresa con toda su bondad y amor a los desvalidos se libró de un sinfín de adversidades. Y, si a extremos nos vamos, investiga cómo fue la muerte de los apóstoles que

acompañaron a Jesús dando la buena nueva. ¿Sabías que muchos de ellos fueron asesinados de manera muy brutal? Te comparto algunos casos para que saques tus propias conclusiones, a ver si coincidimos.

Simón Pedro, después de muchos juicios en Roma fue crucificado pero, al sentirse indigno de ser crucificado igual que Jesús pidió ser crucificado ¡boca abajo! Con la cruz invertida, y así fue.

Andrés fue amenazado, si no renunciaba al cristianismo sería azotado y luego atado a una cruz hasta su muerte, y así fue. Santiago también fue crucificado, aunque hay otras teorías que dicen que su cuerpo fue cortado en pedazos.

Judas Iscariote, seguro conoces su muerte y arrepentimiento, mejor ahí la dejamos. Y así te sorprenderías de tantos mártires que, por defender sus creencias, también fueron torturados.

Concluyo que a todos nos suceden situaciones que no deseamos, aunque hagamos el bien y no dañemos a nadie. No es que Dios esté poniendo a prueba nada, porque no me imagino un Dios maléfico que está en el cielo comprobando el amor o la fortaleza que tenemos a través de pruebas interminables. Las cosas suceden y a veces no tenemos las respuestas, pero lo que no puede faltar es la reacción que decidas tener ante lo que sucede. ¿Lo enfrento con valentía y fe o me lamento y caigo en victimismo?

3. **Las decisiones son importantes.** Sin afán de caer en autoflagelación o culpabilidad interminable, gran parte de las situaciones que nos suceden se deben a que antes hemos tomado una decisión. Yo decidí viajar con los beneficios y riesgos que un viaje puede tener; decidí compartir mi vida con alguien, con todas las bendiciones que tiene y con las diferencias que tarde o temprano se presentan; decidí llevar una vida saludable o no. Decido los hábitos que pueden ayudarme o perjudicarme; decido acercarme o alejarme de una vida espiritual; decido, decido y decido.

Recuerda: todos los días vamos forjando de una manera u otra gran parte de nuestro destino y aunque tomemos todas las precauciones posibles, todo está sujeto a cambiar de un momento a otro.

Así es la vida y echarle ganas no es suficiente, ya que, conforme pasan los días, no somos los mismos, vamos evolucionando para bien o para mal. Las circunstancias cambian de un momento a otro y nuestra capacidad de reaccionar, solucionar y sobreponernos o sumergirnos ante los golpes naturales que vivamos es lo que, con el paso del tiempo, dirá si aprendimos o no las lecciones que teníamos que aprender.

Nos duela o no, siempre tomamos decisiones que nos modifican el destino y por supuesto que la vida nos *propone* lo que nos corresponde aprender y nosotros *disponemos* lo que vamos a hacer. ¿Así o más claro?

4

¿Culpable o responsable?

Esa es la pregunta que mi ego se resiste a contestar cuando sucede algo que cambia mis planes o pone a prueba mi paciencia y templanza. ¿Cómo que pasó *esto*? ¿Ya no me quieres como antes? ¿Quién fue? Pasan los años y me sigo encontrando con personas que me dan lecciones de todo tipo, incluyendo la gran lección de no asumir la responsabilidad de lo que sucede.

Tengo un amigo que conozco desde hace más de 25 años y no hay situación que le suceda en la que no esté buscando un culpable: la esposa, los hijos, los empleados de su empresa, la gente inepta y distraída que se topa en la calle, los irresponsables e incompetentes que manejan y se cruzan en su camino, incluso, la injusta naturaleza que formó una tormenta el día de la boda de su hija, la cual había organizado con mucho esmero y cuidando hasta el más mínimo detalle. Los años pasan y no acepta su responsabilidad; el culpar a todo y a todos es una manera de protegerse pero que le impide tener estabilidad en su vida.

En una ocasión me dijo que ya no creía en Dios porque no podía ser que tuviera sus favoritos, entre los cuales, según él, estaba yo —por cierto, me sentí muy honrado con su afirmación—. No creo en un Dios que tenga favoritos, pero de un tiempo para acá me he sentido privilegiado por él. No precisamente porque todo haya salido como he deseado, sino porque he aceptado mi responsabilidad en mucho de lo que me ha sucedido y, obviamente, de las consecuencias de mis pensamientos y acciones.

> **Así como la verdadera felicidad viene de nuestro interior y no del equilibro perfecto de todo el exterior, hoy te recuerdo que aceptar que de alguna forma tú incidiste en el resultado te ayudará a aprender lecciones y a adaptarte a la imperfección natural en que vivimos.**

Sin necesidad de rendirle culto al sacrificio y a la eterna culpabilidad, siempre es bueno recordar que, por lo general, algo tuvimos que ver en que determinada situación ocurriera.

Desde el momento en que nacemos todos estamos propensos a que nos pasen cosas buenas y no tan buenas. Solemos evitar las cosas que consideramos malas y deseamos que todo salga igual o mejor de lo que planeamos. Pero esa expectativa de que suceda sólo lo bueno, evitando el dolor o el fracaso, suele ocasionar mucho sufrimiento.

Tengo que confesarte que durante gran parte de mi vida buscaba culpables a todo lo que me sucedía. Si reprobaba algún examen en la Facultad de Medicina, inmediatamente le echaba la culpa a lo capciosas que formulaban las preguntas; a la incompetencia del doctor que impartía la clase, él preguntaba cosas que no habíamos visto; o al ruido interminable que se escuchaba en mi casa por tantos hermanos, hermanas y amigos que frecuentemente estaban ahí e impedían que pudiera concentrarme en el estudio. Aquí entre nos, no sé cómo me aguantaban cuando salía enfurecido del cuarto en el que estudiaba y les pedía a gritos, con exigencias y amenazas, que bajaran el volumen de la televisión o la rompería en mil pedazos. Creo que de haberlo hecho mi papá me hubiera roto a mí en mil pedazos también.

Cuando la relación con mi primera novia terminó, por supuesto que fue su culpa por no valorarme y, sobre todo, por tomar decisiones precipitadas y buscar a alguien con mejores condiciones económicas: auto, dinero, más galán que yo y otros detalles insignificantes más. "¡Interesada! ¡Eso es lo que eres!", pensé.

Y ni para qué entrar en detalles de cuando sufrí la pérdida repentina de mi madre por un accidente cerebrovascular. No haber estado a su lado cuando sucedió hizo que me sintiera culpable por mucho tiempo. Toda la familia estuvo cerca de ella en esos momentos menos yo que estaba trabajando en un programa de televisión nocturno. Obviamente culpé a los médicos por lo mal que la atendieron, a la mala alimentación de mi mamá —la grasa le tapó una arteria principal del cuerpo—, a la televisora que me había puesto aquel horario, a Dios, al destino, al *karma* y así una larga lista.

Durante mucho tiempo me justifiqué culpando a quien podía por lo que me pasaba sin saber que siempre hay una decisión previa. Yo decidí un día estar en ese programa de televisión y, ante lo inevitable, pude tomar otra decisión en mi forma de pensar y reaccionar.

Hace tiempo leí una publicación relacionada con nuestra falta de responsabilidad ante los pensamientos y reacciones que tenemos sobre hechos o realidades que no podemos evitar. **Según el budismo hay seis causas del sufrimiento:**

1. **Los apegos.** Para hablar de los apegos es necesario tener presente que se deben desarrollar de manera saludable desde la niñez, de no ser así puede haber repercusiones en la edad adulta que se reflejen en alguna patología. En este sentido John Bowlby, psiquiatra y psicoanalista infantil, desarrolló una teoría del apego entre progenitores e hijos y cómo puede beneficiar o afectar en el futuro de ese ser.

Apego es cualquier tipo de comportamiento que cause proximidad a otra persona querida. Según Bowlby hay cuatro tipos de apegos:

Apego seguro: el más sano de todos, cuando el niño por la seguridad y confianza que le proporcionan sus progenitores tiene la certeza de que no van a fallarle. Estos son niños que se sienten aceptados y/o validados emocionalmente.

Apego ansioso o ambivalente: genera angustia, el niño no confía en sus cuidadores. Crece con incertidumbre e inseguridad. Imagina lo que ocasionará esta condición en el futuro. En etapas posteriores esos adolescentes, jóvenes o adultos tendrán angustia ante las separaciones y vivirán con gran necesidad de aprobación.

Apego evitativo: los cuidadores no proporcionan seguridad al menor y la reacción del niño es convertirse en un ser autosuficiente compulsivo, que tiende al distanciamiento emocional. Son niños que pueden ser etiquetados como fuertes porque no lloran cuando hay separaciones. Crecen creyendo que son muy seguros, pero en realidad viven en gran sufrimiento. El nivel de estrés es elevado y crecen sintiéndose poco valorados. Pueden tener problemas en la intimidad con los demás.

Apego desorganizado: es una mezcla del apego ansioso y el evitativo, es resultado de una conducta negligente de los cuidadores durante la infancia. Los niños no confían en ellos, pueden manifestar miedo en la infancia y reacciones explosivas por el mal manejo de emociones. Esto se puede evidenciar posteriormente en la etapa adulta.

Ahora sí, imagina lo que un apego mal manejado puede ocasionar. Se ama por lo que se siente, por lo que se tiene, por lo que se obtiene o por lo que se cree necesitar. Al tener apegos que no son seguros dejamos de disfrutar de aquello que amamos por miedo a perder. Además, hay apegos materiales que valoramos aún más que las relaciones. Apegos a las personas que no nos suman y nos invitan a creer, ilusamente, que la felicidad viene de alguien y no de nuestro interior. En una ocasión leí: "El día que aprendí que lo único que nos vamos a llevar es lo vivido, empecé a vivir lo que me quiero llevar."

2. **Querer controlarlo todo.** Hay cosas que por más esfuerzo, dedicación y pasión que pongamos no podremos ni debemos controlar. Querer que todo se haga como decimos, olvidando otros puntos de vista y, sobre todo, olvidando la incapacidad que tenemos de controlar los cambios de la naturaleza, es una tremenda causa de sufrimiento. Haz plan B, C o D si es necesario, pero siempre con la consigna de que las cosas pueden cambiar de un momento a otro y,

por más que deseemos que la vida conspire a nuestro favor, siempre hay un factor impredecible. A veces es bueno dejar(nos) fluir ante lo que nos sucede y permitir que el tiempo y la vida sigan su curso natural.

3. **Desear que las cosas sean como quieres y no como son en realidad.** Nuestras expectativas nos impiden aceptar que todo tiene su tiempo y su momento. Hay un común denominador en esta aventura llamada vida: las cosas son como son y evitar aceptar la realidad nos causa sufrimiento. Podremos modificar algunos factores para vivir con más armonía, pero la perfección se seguirá alejando en la medida en que más la persigamos. Amigos de la imperfección, pero no de la mediocridad.

4. **Desear cambiar el pasado.** Ese afán de tener un borrador mágico para quitar de mi pasado personas, acontecimientos, pérdidas y errores. Generar culpa por lo que no podemos modificar y traer constantemente al presente situaciones que ya sucedieron y no podemos cambiar.

    Revivir un pasado doloroso causa tristeza y depresión. Sucedió lo que tenía que suceder por decisiones que tomamos o por decisiones incorrectas o injustas que tomaron otros. Lo hecho, hecho está y entre más pronto aceptemos el pasado sufriremos menos y estaremos más en paz. Y si lo estás pensando, así es: la vida no siempre es justa.

Este es un buen momento para que tú y yo hagamos un trato en forma de decreto. Nos ayudará a aceptar lo vivido y a no querer regresar el tiempo para corregir lo imposible. Repite estas palabras y comprométete con ellas: "Acepto mis aciertos y errores del pasado. Aprendo las lecciones dolorosas y corrijo en mi presente lo que pueda. Acepto con fortaleza las consecuencias de mis actos. Todo pasa por algo y para algo."

5. **Querer que la gente sea como tú quieres.** La gente es como es. Querer cambiarla ocasiona un desgaste tremendo y una pérdida de energía que puede ser utilizada de mejor manera. Podremos influir en la modificación de algunos hábitos de quienes nos rodean, pero difícilmente modificaremos su esencia. Por supuesto que la gente puede cambiar, quien durante años fue alguien adorable puede convertirse en despreciable, las razones las sabremos o no.

Conocí a alguien así y me pregunté una y otra vez cuál era su verdadero motivo de tan dramático cambio. Pensé que era por desilusiones, frustraciones acumuladas, sueños inconclusos o traumas de la infancia que no se habían manifestado hasta que algo los detonó.

Preguntando con expertos en desarrollo humano y educación me hablaron de cambios en la química del cerebro. Donde sea que esté el origen, el hecho es que la persona cambió y, tristemente, no acepta sus errores y mucho menos está en disposición de recibir ayuda. Quienes lo queremos nos convertimos en víctimas directas o indirectas de ese cambio que jamás esperábamos y que tantos enemigos le ha traído.

Es difícil cambiar a la gente con la que más convivimos y, hasta cierto punto, podría ser natural desear que cambien. ¿Pero con los desconocidos? Se supone que no debería importarnos tanto. Para ilustrar esto te cuento lo que me sucede mientras escribo este capítulo en un vuelo de México a Los Ángeles, California. Tengo a mi lado a una mujer que pareciera que tiene hormigas en su trasero, se mueve una y otra vez, y además mueve sus brazos abruptamente. Después de tanto viaje me he vuelto escrupuloso en lugar de adaptativo. Trae una bolsa con papas fritas y cada vez que mete su mano a la bolsa hace mucho ruido. A esto se suma su forma de masticar, un ruido demasiado crujiente que me eriza la piel.

Sé que no debería de importarme, pero sí me importa y más por tenerla tan cerca. En terapia descubrí el origen de esa aversión, ya que, como dice la sabiduría popular mexicana:

lo que nos choca nos checa. Y es que, cuando nos visitaba en casa una amiga de mi hermana Magda y se sentaba a ver la televisión con nosotros, solía llevar una estridente bolsa de chicharrones y se comía cada uno triturándolo lenta y ruidosamente en su boca.

Obviamente no debería poner tanta atención a mi compañera de vuelo, no sé quién es ni me interesa, y sé que jamás la volveré a ver..., espero. Y ella ni se inmuta, ni sabe, ni le interesan mis traumas. Según el budismo es precisamente esa la causa del sufrimiento: querer que la gente que conozco y hasta la que desconozco, como la que va a mi lado, sea como yo quiero que sea. Es entonces cuando el que sufre soy yo.

Mi autorecomendación en este momento es ignorar hasta donde se pueda, adaptarme en lo posible, utilizar estrategias que me permitan sobrellevar la situación como ponerme a escuchar música con mis audífonos. O decir una oración por el dolor que esté viviendo alguien que conozca o por los pecadores del mundo. ¡Que fluya lo que tenga que fluir!

6. **No aceptarte.** Con tus cualidades y tus defectos naturales, sin caer en el extremo de no querer evolucionar para ser mejores personas. "Este soy yo, conozco mis fortalezas, mis debilidades, sé lo que quiero y sé a dónde voy." He promovido

en varios de mis libros la aceptación como forma de felicidad, pero es más difícil aceptarnos que aceptar a los demás. Enfrentarnos a nuestras realidades y miserias y aun así decir: "Este soy yo y me amo", con la consigna de recordar que somos seres cambiantes, que podemos mejorar nuestra propia versión por nuestro bien y por el bien de la gente que tratamos.

Es importante hacernos responsables y aceptar en todos los acontecimientos de nuestra vida los seis puntos anteriores. En el momento en que una adversidad nos impacta en lo último que pensamos es en eso, pero conforme pasan las horas, los días, o incluso los meses, es mejor analizar en qué parte de esa historia tuvimos que ver nosotros.

> **En qué momento tomamos una decisión que nos involucra como agentes activos de los acontecimientos, así como evitar estar buscando culpables de todo lo que sucede.**

Estoy consciente de que vamos cambiando con el paso de los años y en la adolescencia y juventud es más frecuente que busquemos culpables de todo lo que nos sucede, la evasión es una característica en esa etapa. Pero se supone que conforme pasa el tiempo deberíamos aprender la lección de lo que nos ocurre, tanto de nuestros éxitos como de lo que podemos llamar errores o fracasos. Todo es parte de nuestras decisiones, de nuestros aciertos y tropiezos. En cada uno está la elección de aprender o culpar, de crecer o aplastar con la crítica inquisidora a todos los que tuvieron que ver en un resultado que no nos agrada.

A fin de cuentas, ¿quién maneja el control remoto de tus emociones?, ¿quién decide qué pensar o no pensar y, por lo tanto, qué sentir y qué no sentir? ¡Lo decidimos cada uno de nosotros!

Por esto y más **quiero compartir contigo unas afirmaciones que te ayudarán a tomar las riendas de tu vida** y podrán servirte de herramienta cuando se trata de animar a alguien que se queja amargamente de todo lo que le ocurre a través del victimismo eterno —tema que veremos más adelante—:

- Soy responsable de mis acciones y decisiones.
- Soy responsable de poner límites a lo que traspase mi integridad, mis valores y mis principios.
- Por más amor que sienta, no permitiré que nadie dañe mi amor hacia mi persona.
- Soy responsable de las consecuencias de mis acciones y decisiones. De mí depende aprender la lección por más dolorosa que sea.
- Soy responsable de decidir si las consecuencias de mis actos las convierto en aprendizaje

de vida que me permita crecer o en culpabilidad constante que me paralice y me impida sacar una mejor versión de mí.

- Soy responsable de mis pensamientos. Soy yo el que pone un límite a los pensamientos derrotistas, fatalistas, pesimistas y destructivos que me acercan irremediablemente a lo que no deseo. Recordaré constantemente que todo aquello a lo que le presto mi atención, crece. Por lo tanto, soy responsable de modificar mis pensamientos en lo que sí deseo que ocurra, lo que sí quiero acercar a mi vida, lo que sí deseo para la gente que amo.

No confundamos la responsabilidad con la culpabilidad. Ser responsable me hace aceptar positivamente los resultados de mis acciones y decisiones, incluyendo perdonar y perdonarme de lo que siento que me aleja de la paz y la tranquilidad. Sentirme culpable puede paralizarme emocionalmente.

Te propongo que cambiemos nuestras expresiones al respecto. Prefiero decir: "Soy responsable" a "Soy culpable." Dilo en voz alta y sentirás la diferencia. Cuando decimos "es mi culpa" entramos en un estado de baja frecuencia vibratoria, debilidad, tristeza, victimismo, negatividad, pesimismo hacia nosotros y cierta inactividad para resolver lo que sucede. Aunque también tiene un beneficio oculto, al decir "soy culpable" podemos estar buscando la conmiseración de los demás, esperar que nos digan que no nos sintamos mal, que todos podemos equivocarnos o que no somos perfectos. Con esto lo que sucede es que evitamos el esfuerzo por reparar, sanar, disculparnos y aprender de lo sucedido. "Al cabo todos nos equivocamos", pensamos.

Expresar "soy responsable" me hace sentir con más fortaleza para enfrentar las circunstancias. Adoptamos una posición de poder, aceptamos la equivocación con proactividad. ¿Qué sí puedo hacer? ¿De qué manera puedo aminorar el impacto de lo sucedido? ¿Puedo pedir perdón, perdonarme

o perdonar? Efectivamente, como humanos tenemos la posibilidad y el derecho de equivocarnos, pero, de preferencia, con responsabilidad y no desde la cueva oscura de la culpabilidad.

Recuerda: responsabilidad es la habilidad de responder a cada situación de la vida y eso determinará cómo nos sentiremos después. La culpa nos sitúa automáticamente en el pasado mientras que la responsabilidad nos sitúa en el presente y en el futuro.

Dejemos algo claro una vez más: la vida a veces es justa y a veces no lo es. Nos pasan cosas buenas y no tan buenas. Cada uno decide si ve esta vida como aventura, comedia o tragedia.

Uno propone… y las cosas pueden cambiar. ¿Cómo deseas reaccionar, "echándole ganas" o desde la culpabilidad? ¿Y si decides actuar desde la responsabilidad?

5

Un problema más, un reto más

"Tengo muchos problemas", "Ya no hallo la puerta con tantas cosas que me preocupan", "Cuando no es una cosa, es otra", "Cuando no me llueve, me llovizna". Estoy seguro de que después de conocer el impacto que tienen esas palabras en tu vida pensarás dos veces antes de expresarlas.

Qué razón tenía el Premio Nobel de Literatura don José Saramago cuando en una entrevista hace años dijo: "Las palabras no son ni inocentes ni impunes. Hay que decirlas y pensarlas de forma consciente." No es nada nuevo decirte que las palabras dichas con intención y fuerza tienen poder y ese poder puede repercutir en la química de todas y cada una de las células del cuerpo. Expresar con toda intención y fuerza un "¡Te odio!" no sólo repercute en quien recibe tan fuerte mensaje, sino en quien lo expresa.

Existen muchas investigaciones que comprueban que las palabras positivas y negativas pueden cambiar tu cerebro. Uno de los libros que más lo enfatiza es el escrito por los psiquiatras y profesores de la Universidad de California y la Universidad Thomas Jefferson, Mark Waldman y Andrew Newberg, llamado *Las palabras pueden cambiar tu cerebro*.

Si iniciamos un dialogo con un "no" enfático acompañado de palabras insultantes o dolorosas como "no me gusta tu forma de ser", "no molestes" o "no te quiero cerca de mí", se activa una zona cerebral llamada amígdala. Se trata de una estructura en forma de almendra, parte del sistema límbico y encargada de recibir información del entorno y captar los estímulos que considera significativos, esto es, lo importante para nosotros; una vez que los capta regula las emociones en caso de alerta o emergencia. Estas frases generan una sensación de malestar y, si las palabras proceden de alguien que tiene un peso importante en nuestras vidas, esa sensación va con un aumento de cortisol que es una sustancia unida al estrés y, por lo tanto, se produce ansiedad, tristeza o ira. Es entonces cuando ese cambio en el cerebro nos lleva a actuar de tres maneras: agrediendo igual o más a quien lo expresó, siendo indiferentes o acudiendo a la razón.

Entre más agredamos verbalmente y pensemos en negativo, más se fortalecen las conexiones nerviosas relacionadas con una respuesta automática y, por lo tanto, más nos acostumbramos a hablar o a reaccionar de manera negativa. Lo convertimos en un hábito con las repercusiones que conllevan el aumento de cortisol y estrés.

A más cortisol, más estrés y, por ende, más posibilidad de accidentes cerebrovasculares, más fragilidad ósea y, por si fuera poco, se incrementa la tendencia a aumentar de peso, entre muchas otras consecuencias.

Las palabras positivas, amorosas y estimulantes son procesadas por el hemisferio derecho del cerebro que es el emocional y lo que generan es bienestar, placer y alegría. Así como la secreción de sustancias totalmente diferentes al cortisol como la dopamina, serotonina, oxitocina y norepinefrina, que incrementan, por consiguiente, el nivel de felicidad.

Lo que más recuerdo de mis clases de programación neurolingüística y de inteligencia emocional es precisamente el impacto que tienen las palabras cuando se trata de un problema. Algo que nunca olvidaré es que depende de ti cómo utilizarlas, en tu contra o a tu favor, incluyendo aquellas frases que tienen que ver con la palabra "no".

Es muy fuerte decir: "No quiero seguir enfermo" o "No quiero seguir discutiendo igual", ya que, si bien afirmamos lo que no queremos hay cierta continuidad en la frase que prolonga la enfermedad o la discusión. Qué diferente sería decir: "Quiero mejorarme", "Estoy en recuperación de una enfermedad", "¿Hay algo que podamos hacer para llegar a acuerdos?"

Problemas tenemos todos, pero no todos los expresamos. Hacernos responsables del impacto de las palabras y cambiarlas a nuestro favor siempre será un buen inicio para modificar positivamente la química cerebral y la química de todo nuestro cuerpo.

Es parte de un proceso de mejora expresar nuestras emociones para sobrellevarlas y sentirnos mejor. Pero dejemos de comentar constantemente a quienes no pueden hacer nada sobre lo mal que nos ha ido y, si es necesario expresarlo, modifiquemos la forma en la que lo hacemos. Hagamos consciente el poder que tienen las palabras.

Di esta frase y sentirás la descarga de sustancias *non gratas*: "No quiso ser mi pareja y yo que la amo tanto. Me abandonó." Ahora di: "Decidió que tiene otras prioridades en su vida y está en todo su derecho. No era para mí." Verás que no sientes lo mismo.

Es increíble la forma en la que cada uno decide encender con gasolina su interior usando frases y enojos que a veces son injustificados, pues, por simple costumbre, reaccionamos de esa manera. Mejor llenemos nuestra mente y nuestro ser con frases que puedan fomentar de alguna manera la paz interior que tanto bien nos hace. Es un buen momento para erradicar la negatividad al hablar, incluso, al pensar, pues está comprobado que los pensamientos provocan siempre sentimientos y los sentimientos, acciones.

"Tengo situaciones que resolver", en lugar de decir lastimosamente: "¡Tengo muchos problemas!" "Hay una situación que requiere más mi atención, pero, por ahora, no tengo la forma de solucionarla", en lugar de exclamar: "¡Tengo un problemón!"

Recuerdo que la tanatóloga, escritora y amiga Gaby Pérez Islas en uno de mis programas de radio advertía sobre la importancia que tiene decir lo que sentimos, pero no privarnos de la oportunidad de agregar dentro de la frase un toque de esperanza o positividad. Ella recomienda que si vas a decir: "Estoy muy triste por la muerte de mi padre", agregues dos palabras: "Por ahora." "Por ahora estoy triste por la muerte de mi padre." "Por ahora tengo situaciones muy difíciles que enfrentar, pero sé que encontraré la mejor solución." "Por ahora he pasado unos días algo complicados, pero sé que pronto mejorará la situación."

En las adversidades hay una línea delgada entre hablar positivamente para lograr que nuestro estado de ánimo no se vea más afectado de lo que ya está, y hablar de manera lastimosa y dolorosa, lo que nos lleva a la tristeza y al victimismo.

Cierto día estaba viendo un programa de concursos en la televisión y el conductor dijo: "Durante todo el trayecto se les presentarán varios retos que tienen que ir sorteando uno a uno. Entre los retos se encontrarán con una fosa llena de lodo y deberán salir sin ayuda de nadie. Tendrán que esquivar unas bolas que se balancearán de un lado a otro; correr descalzos en un camino empedrado..." Y así sucesivamente iba aumentando la complejidad de los retos. Imagina que el conductor del programa, en lugar de decir la palabra reto hubiera dicho: "A lo largo del trayecto se les presentarán varios problemas y el problema más grande será cuando entren a la fosa llena de lodo." Esa sola orientación cambiaría completamente la forma en la que se ve y se siente ese trayecto.

He logrado cambiar la palabra "problema" por la palabra "reto". Primero lo hice mentalmente, recuerdo en una ocasión, al llegar a un sitio en el que me presentaba, un miembro de mi staff me dijo: "Tenemos un problema." Entonces pensé: "¿Cuál es el reto?" Así como existen dos tipos de miedo, el que paraliza y el que nos mueve, la palabra problema puede igualmente paralizarnos o llevarnos a la acción si la decidimos asumir como un reto.

Hace tiempo alguien compartió conmigo esta frase de la que desconozco su autor: "¿Sabes cuál es la diferencia entre la escuela y la vida? Que en la escuela primero aprendes una lección y luego te ponen una prueba. Y en la vida te mandan la prueba y luego aprendes la lección."

Eso me hizo recordar mis tiempos de estudiante de medicina. Es tanta la información que se aprende que llega un momento en el que la mente se satura y todos los diagnósticos posibles se empiezan a presentar en la práctica profesional. Siempre estás pensando: "Puede ser esto, ¿o no?, le falta este síntoma para que sea eso. ¿Será esto otro? No, si fuera esto sería con menos tiempo de duración." Y así, siempre estaba pensando en los diferentes panoramas de lo que podría ser.

Durante mis dos últimos años de estudios ya consultábamos pacientes aplicando los conocimientos supuestamente adquiridos. Un día consulté a un paciente que tenía un cuadro de tos con fiebre, malestar general, dolor de cabeza, flujo nasal y, por el dolor del cuerpo, batallaba para movilizarse. Inmediatamente mi mente empezó a papalotear y a navegar en el disco duro buscando posibles diagnósticos. "¿Neumonía por la tos y fiebre? ¿Inicios de una bronconeumonía? ¿O posiblemente una fiebre reumática por el dolor al moverse?" Cuando fui con el médico residente para decirle qué es lo que podría ser y le di mis diagnósticos me vio fijamente y me dijo: "Doctor Lozano, eso es una gripa." Yo pensé: "*What?* ¿Gripa?, ¿resfriado?" Y lo peor es que no sabía qué darle al paciente, nos habían educado para tratar cuadros graves. Ahora que pasó el tiempo me da risa, pero en su momento me dio mucha vergüenza por pensar en los peores escenarios y no en los más simples.

No nacemos con los aprendizajes necesarios para enfrentar la mayoría de las adversidades y, ante un escenario simple, la mente se encarga de convertirlo en algo complejo. Por eso deseo que cada que hables o pienses en determinada situación que te ocasiona malestar, analices el pensamiento y la emoción que conlleva, así como la forma de expresarlos.

6

Escucharte: la mejor forma de ayudarte y ayudarme

Nadie da lo que no tiene. Sí, escucharte es lo mejor que puedes hacer para ayudarte, si no te escuchas difícilmente podrás escuchar a los demás. ¿Cuántas veces hemos oído que de tanto querer dar agua a los demás, nos quedamos sin una gota, convirtiéndonos en vasos vacíos, más sedientos que quienes deseamos ayudar?

Por eso es muy importante que inviertas tiempo en soledad, que escuches a tu ignorada voz interior, muy diferente a la voz del ego. La voz interior es la que viene de nuestro espíritu, del inmenso amor que mora en nosotros, ya que venimos del amor y con una misión relacionada al amor. Por supuesto que, al paso del tiempo, con los aprendizajes que recibimos de nuestros padres —que, en ocasiones, no son los mejores—, así como la influencia de personas con las que tratamos a lo largo de nuestras vidas, además de la herencia de nuestros antepasados, podemos desvirtuar nuestra verdadera esencia basada en la armonía y el amor que deberíamos seguir sintiendo. Mientras que la voz del ego es la que nos grita lo que deberíamos de ser, hacer y decir. Es la voz de un niño berrinchudo que quiere salirse con la suya a como dé lugar y que puede estar llena de carga negativa, fruto del pasado o de la interpretación del presente.

Te aseguro que si dedicas unos minutos al día a escucharte, sentirte o percibirte, sentirás y escucharás esa voz amorosa que puedes llamarle como quieras: voz interior, espíritu santo, alma o conciencia.

Inicia con la respiración, busca la paz interior, primero sin pensar en nada, llegando a ese lugar maravilloso del que ya he hablado en otros libros, llamado "cero pensamientos" o "conciencia plena". Si te invita a sentir paz o a buscar tu bien y el bien de los demás, será con esa voz que te suma y no que te resta.

Escuchar a quien deseamos ayudar se convierte en una maravillosa herramienta de apoyo para quien siente que su vida no tiene rumbo o sentido. Sin embargo, no todos estamos en la frecuencia de escucha activa. A ver si lo que te comparto a continuación te recuerda a alguien:

—Son tantas las cosas que te quisiera decir.

—Sí, dime —contesta sin dejar de ver la pantalla del celular.

—Es que veo que estás ocupado.

—No, no, dime.

—Hay días en los que no me siento motivada, siento que no doy una, que todo me sale mal, a veces siento que lo que hago en el trabajo no es suficiente...

—Ah, ok, espera, déjame contestar este mensaje y ya —te interrumpe.

—Oye, si quieres después te sigo diciendo lo que...

—No, no, por favor, nada más contesto esto y ya. Ahora sí, dime, ¿qué más?

Se escucha un sonido de entrada de mensaje.

—Pues te decía... —y voltea a ver el mensaje que le entró a su celular.

¿En serio eso es escuchar? Todo tiene su precio y estar conectados en tiempo real ha cobrado una factura demasiado alta. Gente con mente dispersa, con mucha capacidad de ver mensajes e imágenes de manera simultánea, pero con poca capacidad de empatizar y escuchar a quienes se encuentran cerca. Como lo comenté en mi libro anterior: "¡Escúchame con los ojos!", a lo que hoy agrego: "¡Escúchame con tu corazón!"

Cada vez con más frecuencia sigo presenciando escenas en restaurantes y aeropuertos donde, literalmente, en la etapa más importante de un niño, entre los tres y los siete años, en la que requieren atención, constancia y amor, no reciben esto por parte de quienes dicen amarlos tanto. Madres o padres absortos en su celular, sin diálogo directo, privándose de la oportunidad más grande de sus vidas: ver a sus hijos a los ojos, cambiarles su destino al hacerlos sentir escuchados, valorados, entendidos y amados. Si conociéramos las investigaciones que se han hecho al respecto sobre la importancia que tiene el ser escuchado, no sólo para niños, sino para cualquiera de nosotros, nos concentraríamos más cuando alguien nos dirige la palabra.

Quiero decirte que cuando me sucede algo así, que estoy en un restaurante con alguien, y ese alguien no deja de ver su celular, simplemente dejo de platicar. Sin enojarme, termino de comer o de tomar el café y pido la cuenta. Esto generalmente tendrá una reacción del tipo: "¿Por qué nos vamos tan pronto?", "¿Oye, perdón, es que tenía que resolver un problema en el trabajo?" Claro que es válido decir previamente: "Estoy esperando un mensaje muy importante de mi trabajo, ¿no te importa si veo mi celular?", "Tengo un hijo enfermo y estoy al pendiente de cómo sigue." ¡Claro! ¡Se vale! Pero de eso a estar distraído todo el tiempo viendo cada notificación que te llega a redes sociales, cada *like* que ponen a tus publicaciones ¡no! "Con permiso, buenas tardes, nos vemos después cuando estés menos ocupado." Mi tiempo y tu tiempo valen mucho y estar desperdiciándolo así no creo que sea bueno ni saludable para nadie. Mucho menos cuando se tienen conflictos por resolver y buscas la forma de desahogarte, sentirte escuchado o necesitas algún consejo que aminore tu aflicción. Para obtener un raquítico

"Échale ganas" que generalmente expresan quienes no escuchan o no entienden lo que te sucede, ¡mejor no! ¡Ahí muere, ahí lo dejamos! Escuchar es un arte que no todos conocemos y quienes lo tienen, a veces, no le dan la importancia debida.

Tengo que decirte algo que probablemente no te va a gustar, pero es verdad. Está comprobado que a la mayoría de las personas nos gusta más hablar que escuchar. Si nos ponemos técnicos o buscamos bases científicas, se ha demostrado que hablar de nosotros mismos activa áreas del cerebro relacionadas con el placer. Por lo que resulta hasta cierto punto normal y necesario oírnos hablar de nosotros, de nuestros logros, miedos y alegrías, más que escuchar a los demás. Por si fuera poco, hay otro obstáculo y es la creencia de que, para caerle bien a alguien, debemos de ser interesantes, lo que implica que terminemos hablando más que escuchando. Pero en realidad es justamente lo contrario: para caerle bien a alguien lo que debemos conseguir es que la otra persona se sienta interesante.

Aprovecho para decirte algo que te va a ayudar mucho en esta nueva aventura que hemos emprendido para no conformarnos con un "Échale ganas". Las personas que hablan mucho cuando están contigo, no cuando tienen algún conflicto o problema, sino en la vida diaria, que hablan y hablan y no se callan: "Hice esto y luego esto, compré esto, ¡ah, yo también ya fui ahí!", puede ser que te lleguen a caer mal por ese motivo. Pero detrás de su actuar es muy probable que de alguna forma se sientan inferiores a ti y quieran ganarse tu aprobación e interés, ¡zas! Entonces, en lugar de enojarte mejor siente compasión. El enojo extremo puede dañarte, la compasión no. Un estudio demostró que las personas que hablan de sí mismas tienen más probabilidades de sufrir depresión. ¿Detectas ahora la gran relación que existe entre hablar mucho y la baja autoestima? Por eso digo que escuchar requiere cierto esfuerzo.

La gente quiere, necesita sentirse escuchada. Todos lo necesitamos y más en este tiempo que vivimos con tantos cambios que nos llenan de todo tipo de emociones. ¿Qué es la escucha activa? La escucha activa es la habilidad de hacer sentir al otro que es parte de nosotros. Todo un arte que nos demanda quitar el piloto automático en el que vivimos, de querer hacer y hacer, de no quedarnos quietos sin la imperiosa necesidad de ver la pantalla del celular y ver qué hay de nuevo.

Permíteme hacerte algunas **recomendaciones para poner en práctica la escucha activa:**

Cuidado con los ruidos mentales. Ellos nos impiden pensar. Nuestra mente nos habla a todas horas. Estamos sobrecargados de pensamientos. Las investigaciones recientes revelan algo sumamente interesante: tenemos la capacidad de realizar 48 pensamientos por minuto, lo que indica que la velocidad para pensar puede llegar a ser de 2 880 pensamientos por hora. Otras investigaciones indican que pueden ser arriba de 70 000 pensamientos al día. De esta manera, nuestro cerebro puede tomar hasta 2160 decisiones durante el tiempo que está despierto y hasta en los sueños; aunque no todas esas decisiones sean de la misma importancia, sí queda claro que nuestras neuronas toman el control de nuestra vida. Por lo tanto, el cerebro está presente en todo lo que hacemos todos los días, consciente o inconscientemente.

¿Cómo saber si esos pensamientos son negativos o positivos? ¿Dime cómo te sientes ahorita? Si te sientes bien, es que has tenido pensamientos mayoritariamente positivos. Si te sientes mal, probablemente le has dado rienda suelta a *la loca de la casa* (la mente), has dejado que piense en lo que le dé su regalada gana sin cuestionarte.

Nuestra mente nos habla constantemente; para calmarla, respira y concéntrate. La respiración del corazón ayuda mucho, ¿la conoces? Cierra tus ojos, inspira y espira, pon tu mano en la zona del corazón. Imagina que tu corazón sonríe porque te acordaste de él, recordaste que trabaja incansablemente día y noche para que estés vivo. El corazón te agradece que le dediques un poco de tu tiempo. Inspira y espira. Imagina que el que respira es el corazón, no tus pulmones. Inspira y espira. Hazlo varias veces. Regálate eso. Vas a sentir una paz increíble que te va a ayudar a callar tus miedos, tus preocupaciones o tu pasado, que es lo que generalmente nos hace perder el equilibrio emocional. Regálate varias veces al día la respiración de corazón. Y hablando de corazón vamos a la segunda recomendación de la escucha activa.

Aprender a escuchar desde el corazón. Escuchar no es dar consejos, es entender lo que nos están diciendo con la sensibilidad que viene desde nuestro interior, no sólo con la mente. Es utilizar nuestra capacidad empática, la que es libre de juicios (algo que no suele ser fácil). Es fundamental suspender en ese momento el juicio personal eliminando etiquetas y, sobre todo, no suponer durante la escucha. Tenemos que acallar a nuestra mente practicando el poder de la conciencia plena, el estar en el aquí y en el ahora. Obviamente requiere práctica pero puedes comenzar desde este momento. La próxima vez que escuches a alguien y sientas la imperiosa necesidad de hacer juicios inmediatos, silencia a tu mente y di: "Voy a escuchar." Di tu nombre: "César, escucha, no te adelantes, deja que termine y luego haces tu interpretación."

Mantener contacto visual con quien nos habla. Es "escuchar con los ojos", ¿recuerdas? Ver a quien nos habla expresa atención plena. ¡Claro, sin la necesidad de ver de tal manera que parezca que estamos encuerando el alma de la persona en cuestión! Ver a su ventana del alma (los ojos) ayuda al proceso de la empatía.

Evita interrumpir. Entiendo que cuando la persona es lenta para hablar, para expresar sus ideas o decir claramente lo que quiere, es mucha la tentación que tenemos de "ayudarle". Me acaba de suceder hace unos días con una amiga que tenía un conflicto y deseaba platicar conmigo.

—Es que cuando llegué a la... a la... a...

—¡A la casa!

—¡No! A la oficina.

—Me dijo mi... mi... mi...

—¡Tu jefe!

—¡No, mi compañera! Me preguntó por qué me veía tan... tan... tan...

—¡Tan triste!

—¡No! Tan cansada.

Claro que con gente así cómo no nos van a dar ganas de ponerle palabras en la boca. Cuando termine serán las cinco de la mañana y uno se duerme temprano.

Lo ideal es interrumpir lo menos posible. Si vas a hablar en el momento en que te están hablando, que sea para clarificar algo y emplea frases como: "Te entiendo", "¡Sí, claro!", "¿Y qué más sentiste?" Algo fundamental es, cuando sientas que terminó de hablar, hacer un breve resumen de lo que te compartió: "Déjame ver si entendí bien... ¿Lo que más te duele en este proceso de la muerte de tu papá es no haber podido despedirte de él?, ¿es así?" "¡Exacto!, eso es, dentro de todo el proceso de duelo es lo que más me duele, porque me quedé con ganas de expresarle muchas cosas que nunca le dije en vida."

No te preocupes por repetir textualmente las palabras de tu interlocutor. Hay investigaciones que dicen que con repetir literalmente las tres o cuatro palabras de la última frase es suficiente para demostrar que estás escuchando. Incluso, me encontré otra investigación en el mundo de los meseros; demuestra que repetir literalmente las últimas palabras del cliente era suficiente para incrementar significativamente las propinas recibidas.

Mostrar una postura corporal receptiva y comprensiva. Para explicarlo mejor te diré cómo no es una postura corporal receptiva ni comprensiva:

- Sentarte como si estuvieras semi-acostado.
- Apoyar la cabeza en tu mano y poner la cabeza de lado.
- Poner el brazo en el respaldo de la silla (eso habla de demasiada relajación ante un momento en el que la otra persona necesita comprensión).

Una postura corporal receptiva y comprensiva implica enderezar la columna (a menos de que tengas una incapacidad que lo impida), hombros alineados, mirada hacia la persona en cuestión y mover de vez en cuando tu cabeza en señal de que estás entendiendo la situación. No es necesario exagerar con movimientos afirmativos excesivos que, más que tranquilizar, causan ansiedad.

Observar detenidamente su lenguaje corporal. Checa sus manos: cuando están abiertas es señal de receptividad; cerradas en puño es señal de coraje, rencor, resentimiento; entrelazadas es señal de incertidumbre, de suplicar una respuesta. Sutilmente observa hacia dónde se dirigen las puntas de sus pies, si es hacia ti la atención es plena y hacia la puerta es que ya se quiere ir. Si sus ojos se mueven mucho de un lado a otro habla de nerviosismo, inseguridad o de no tener claro qué es lo que está pensando o diciendo. Incluso, si voltea mucho hacia arriba puede que esté buscando argumentos basados en su imaginación.

Utilizar el *rapport*. ¿Qué es eso? Mimetizar o imitar sutilmente los gestos. Si tu interlocutor está triste no pongas cara feliz. Procura imitar sutilmente su emoción para que sienta empatía. Tampoco se trata de que te pongas a llorar igual que él o ella, eso en muchas ocasiones causa más tristeza o desesperanza.

Dios nos dio dos orejas y una boca para escuchar el doble de lo que hablamos. Winston Churchill dijo: "Se necesita coraje para pararse y hablar, pero mucho más coraje para sentarse y escuchar." Son tantos los beneficios que tiene saber escuchar, no sólo para quien tenga la fortuna de ser escuchado, sino también para el que escucha, que te recomiendo que lo practiques constantemente en los próximos días. Enfatizaré en tres de estos beneficios:

1. **Aumenta la confianza mutua:** la tuya como oyente y la de la persona que tiene la bendición de ser escuchada por ti. La confianza es uno de los regalos más grades que podemos tener de los demás y, sobre todo, que más debemos de cuidar.

2. **Favorece la calma:** comprobado por múltiples estudios, esto disminuye el estrés, principalmente de quien expresa lo que siente con alguien que sabe escuchar. Estoy seguro de que sabías que la mejor forma de bajar el nivel de estrés en una mujer es que hable y hable y hable y hable... Lo ideal es que tenga a su lado a quien esté dispuesto a escucharla. Y, si no, pues que hable, aunque sea sola.

3. **Aumenta la productividad:** si alguien tiene un problema y lo expresa, el cuerpo entra en un estado de relajación que ayuda a ambas personas a aumentar su productividad, tanto para quien escucha porque se sintió útil, como para quien habla porque disminuye notablemente su nivel de estrés.

Deseo que hagas conmigo un ejercicio de imaginación muy breve pero significativo. Piensa en alguien a quien te guste platicarle tus cosas, esa persona con la que sabes que cuentas en las buenas y en las malas. Ahora imagina que le platicas todo lo que hiciste el día de ayer con puntos y señales, todo, incluyendo lo que sentiste y lo que pensaste. Hazlo detalladamente. Imagina que esa persona pone en práctica todo lo que te acabo de explicar: atención plena, escucha empática, mimetiza tus movimientos, se alegra o se entristece contigo y hace un breve resumen de lo más relevante en señal de que entendió perfectamente tus palabras y tus emociones.

En la segunda parte del ejercicio imagina que no te pone atención, se distrae fácilmente viendo hacia los lados, checando su celular o interrumpiendo constantemente tu plática con temas diferentes; sientes que su lenguaje corporal es totalmente apático. ¿Qué sentiste? ¿Te fijas que con la imaginación puedes poner en movimiento todo lo explicado antes?

> Practica, practica, practica, lo digo constantemente a los participantes en mi certificación "El arte de hablar en público" y hora te lo digo aquí. Practica el maravilloso arte de escuchar a la gente que quieres y a la que no quieres.

7

Con el dolor de la ruptura a cuestas

Primero, tengo derecho a sentir dolor cuando termina una relación. Segundo, no puedo obligar a nadie a que me quiera. Tercero, nadie está exento de vivir este tipo duelos.

- "¡No puede ser que haya terminado!, ¡con lo mucho que nos amábamos!"
- "No puede ser que haya cambiado tanto, ¡antes no era así!"
- "No podré encontrar a nadie igual."
- "No sé si buscarla(o) o no."
- "Debí haber dicho..."
- "No debí haber dicho..."
- "Debí hacer..."
- "No debí hacer..."
- "Todo sería diferente si no hubiera interferido..."
- "¡Qué felices seríamos todavía si no hubiera...!"

Estoy convencido de que una de las peores frases de nuestra vida es: "Y si hubiera..." Nos lleva al sufrimiento por un pasado que no podemos controlar. Como dice Paulo Coelho: "Para ser felices se necesita eliminar dos cosas: el temor al mal futuro y el recuerdo de un mal pasado." ¿Le sigo o ya?

La situación es clara: la relación que tanto disfruté concluyó. No es una ruptura, es que la relación ya terminó, ya llegó hasta donde tenía que llegar y eso es lo más difícil de aceptar. Cuando vivimos una etapa de amor consolidado —probablemente no tan apasionado como al inicio de la relación— y concluye, siempre la mente nos lleva a los extremos. Nos quedamos en un estado de negación intensa o enojo ante lo ocurrido, de tristeza inmensa, resistiéndonos a aceptar lo que posiblemente es irremediable, o quizá, reacios a iniciar la etapa de aceptar lo que no podemos cambiar.

Al momento en que escribo el libro no ha terminado la pandemia por Covid; todos tenemos la esperanza de que pronto se acerque a su fin y deseamos que no haya más variantes en el futuro. Por ahora estamos lidiando con la variante Ómicron que, por lo visto, no causa los mismos estragos que la Delta, ya que afecta más las vías respiratorias superiores. Sin embargo, la pandemia ha traído —además de las lamentables pérdidas humanas y económicas— un incremento en el número de separaciones y divorcios. Ha sacado nuestra mejor y peor versión. Hay parejas que consolidaron su amor y otras que decidieron dar por terminada su relación.

Las razones pueden ser varias. La excesiva convivencia durante meses de confinamiento, sin posibilidad de realizar actividades fuera del hogar que antes disfrutaban y los unían. El incremento de los niveles de estrés, incluyendo la irritabilidad que manifestaron uno o ambos miembros de la pareja. Peleas por situaciones triviales, situaciones que muchas veces no tienen importancia, pero que sacan a relucir problemas que pudieron estar celosamente guardados de tiempo atrás y no se trataron de manera adecuada. El descubrir secretos, especialmente de relaciones extramaritales, difíciles de ocultar durante el confinamiento. Muchas de ellas fueron detectadas por la necesidad de apartarse para tener comunicación con la o el tercero en discordia. La molestia por la distribución de las tareas domésticas y otras causas más que pudieron soportarse en épocas "normales", pero que ya no se sostuvieron en confinamiento.

Kate Moyle, psicoterapeuta del Consejo de Psicoterapia del Reino Unido, compartió **tres importantes recomendaciones referentes a las relaciones de pareja en pandemia:**

1. Durante las cuarentenas los hábitos cambian, incluyendo los de las parejas, quienes pueden llegar a irritarnos poco a poco. El Instituto Gottman recomienda hacer el firme propósito de dejar de culpar y criticar constantemente a tu pareja y expresar más tu sentir con frases como:

"Yo siento...", "Yo percibo...", "Yo desearía que..." En lugar de: "Tú hiciste...", "Tú fuiste...", "Tú siempre...", "Tú nunca..."

2. Durante este tiempo, aunque muchas parejas pasan todo el día juntos, la calidad de esa compañía es muy poca. No es lo mismo estar juntos que sentirnos juntos. Pero también es fundamental tener tiempo separado. Imagínate los que vivieron la pandemia en casas o departamentos pequeños, con o sin hijos, sin salir ni llevar una vida como se acostumbraba.

3. Tristemente la pandemia es un momento muy difícil para una separación por todo lo que conlleva, incluyendo el distanciamiento familiar y de amigos, por el temor a contagiar o a ser contagiados. La tristeza y depresión que acompaña una separación se magnifica durante esta época difícil.

Hoy quiero compartir contigo lo más significativo que he aprendido de las relaciones de pareja a través de los años. Parte de esta experiencia viene de los terapeutas especialistas en pareja que me acompañan en mi programa de radio *Por el placer de vivir*; así como de gente a la que he tenido oportunidad de acompañar en el proceso de dolor por la ruptura y, lo más difícil, a partir de mi propio aprendizaje ante situaciones similares.

Primero, **cómo interpretamos y expresamos la ruptura es el primer paso para la superación o**

para la perdición. Dramática afirmación, pero muy cierta. Según la interpretación que hagas de los hechos será el impacto y la evolución de tu sanación. ¿Cómo interpretaste tu última crisis de pareja o cualquier otra? ¿Te diste el permiso de sentir o bloqueaste tus emociones creyendo que era lo mejor? ¿Cuánto permitiste que te afectara? ¿Te quedaste lamentando o negando lo sucedido por mucho tiempo?

Recuerdo una llamada del 24 de diciembre del 2018, me informaban que mi programa de radio *Por el placer de vivir* saldría del aire en Estados Unidos por falta de presupuesto para pagar la producción y la conducción, o sea, para pagar los salarios que demanda un programa transmitido desde mi ciudad, en ese entonces, a 45 ciudades de la Unión Americana. Recuerdo en cámara lenta cada instante al estar escuchando la noticia de que mi programa era de los que llegaba a su fin.

Bonita Navidad empezaba a vivir: nos quedábamos sin la posibilidad de seguir tocando vidas en mi querida comunidad hispana y, además, sin el salario que recibíamos por hacer un trabajo que apasionaba a todo el equipo. En ese momento de *shock* agradecí de corazón a quien me dio tan mala noticia; terminé la llamada, me quedé en silencio, no me moví del lugar en donde estaba e inmediatamente me dije esta frase, que te aseguro que no sé de dónde salió: "No soy ni el primero ni el único que vive algo así. Viene algo mejor."

¡Por supuesto que me dolió! Por supuesto que los siguientes días caí en el victimismo. ¡Claro que sentí que no era suficiente! "¿En que fallé?" "¿Por qué yo?" "¿Por qué a mí?" Y así otras muchas preguntas lastimeras brotaban de mi mente, como si fuera un volcán vomitando lava sin cesar. Un día me duró el duelo. Inicié el 25 de diciembre con la toma de decisiones: "¿Me quedo así?", "¿Me muevo?", "¿Vale la pena buscar otras opciones?", "¿Vale la pena revisar los contenidos y analizar si fue esa la razón por la cual pensaron en mí para el recorte de gastos?"

Hice mi análisis y me propuse buscar mejores opciones, evitando el miedo que paraliza. El primer día de enero me dediqué a buscar la cadena de radio hispana más grande en Estados Unidos y, para no hacer larga la historia, en un mes ya estaba contratado por Univisión Radio. Al momento que escribo este libro, el programa se transmite en 103 estaciones de radio en Estados Unidos y 36 de México. Pude haberme quedado lamiéndome las heridas y sintiendo lo injusta que es la vida, pero decidí aceptar lo imposible de cambiar y ponerme en movimiento, buscar nuevas opciones. Para quienes no perdemos la fe, lo bueno siempre está por venir.

Si analizas el ejemplo anterior, se aplica perfectamente en la ruptura de una relación. Al inicio será siempre un impacto que nos lleva a expresar o guardar el dolor. No es igual para quien interpreta una ruptura con dolor y aceptación, que para quien no la acepta y se enfrasca en una situación lastimera, igualmente dolorosa, pero con odio y rencor que va incrementándose a lo largo del tiempo. Ambas interpretaciones, generalmente, son consecuencia de las razones de la separación y sólo quienes la viven conocen a fondo los hechos.

Al principio es natural ver el panorama oscuro, lleno de dolor y sin fe, ya que la sociedad y la cultura nos han enseñado tres cosas: que se termine una relación es sinónimo de fracaso; si no tienes a alguien a tu lado difícilmente serás feliz y las crisis de ese tipo se lloran y se sufren. Para confirmarlo puedes escuchar infinidad de canciones donde el mensaje explícito es: "Sin ti no soy nada", "De nada vale la vida si no estás tú", "Mejor muerto que sin ti", "Yo no nací para amar." Estas y muchas otras llegan a la mente como imanes durante el proceso de cierre de una relación.

Si estás viviendo un duelo por la terminación de una relación, te pido que leas en voz alta conmigo lo siguiente:

> Interpreto lo vivido como una realidad dolorosa y un duelo que inicio, ¡pero le pongo fecha de terminación! Aunque por el momento no tenga claro el final, no estoy dispuesto(a) a sufrir los días que me quedan. Procuro afirmar que nada es para siempre y que esto también pasará. Lloro lo que tenga que llorar, grito si es necesario, me doy el derecho a sentir y vivir lo que

esta experiencia esperada o inesperada
me trae.
Acepto que no estoy bien, reconozco
que estoy mal sin esa persona, pero a
su lado estaba peor, ya sea porque el amor
terminó por ambas partes o porque faltó
en uno de los dos.
Cuales sean las razones de la ruptura,
procuro utilizar un lenguaje que
me lleve a la acción, no a la depresión.
Si llega el momento de hablarlo,
lo expreso. Procuro no utilizar un lenguaje
victimizante o lastimero, sino un
lenguaje del corazón, donde se exprese el
dolor tal cual es.

Lo segundo a tener en cuenta es que **la relación no terminó, duró lo que tenía que durar.** Hay una frase budista que dice: "No te molestes porque no puedes sacar agua de un pozo que está seco. Por qué mejor no te preguntas: ¿por qué sigues buscando agua donde está claro que no puedes encontrarla?" Terminó por la razón que tú mejor que nadie sabe, por situaciones que tienen que ver contigo, o por razones en las que, según tú, no tuviste nada qué ver, pero la realidad está ahí. Terminó y duró lo que tenía que durar.

Así como hay relaciones que de manera admirable son para siempre, también están las que creemos que son para toda la vida y por diversas razones no lo son. Como ya mencioné: es motivo de gran sufrimiento desear que las cosas sean como quieres y no como son en realidad, así como esa necesidad de querer que la gente cambie.

La Universidad Alberta de Canadá, en coordinación con la Universidad Shiller de Jena, publicó el resultado de una investigación que dice que se puede predecir si una relación durará poco o mucho tiempo. Durante siete años investigaron a dos mil parejas y llegaron a la conclusión de que 16% de ellas se separó en ese periodo y las variables presentes fueron:

- La satisfacción de la relación.
- El número de conflictos que tuvieron y el deseo de solucionarlos.
- Las ganas de ambos de tener una relación a largo plazo.
- La necesidad de cercanía o independencia.

Lo más impactante fue que descubrieron que las parejas que se separan se sienten insatisfechas desde el principio y tienen más conflictos que se van multiplicando al paso del tiempo, llevando consigo una disminución del deseo.

Si en este momento tienes la fortuna de tener una pareja que consideras estable, con sus altas y bajas naturales, **es bueno cuestionarte estos cinco puntos:**

1. ¿Disfrutan hacer cosas juntos? Ver televisión, comer, viajar, compartir un *hobbie*.
2. ¿Se respetan los momentos de independencia sin la necesidad de cuestionarse por qué en ocasiones quieren estar solos?
3. ¿Tienes que pensar una y otra vez cómo tratar algo con tu pareja por el miedo a su reacción?
4. ¿Existe la capacidad de adaptación a los cambios naturales que se viven?
5. ¿Sientes complicidad con tu pareja, aceptando también sus objeciones ante lo que puede considerar como un riesgo en la economía o en la relación?

No todo tiene que ser perfecto, la vida cambia, la gente cambia, pero cuando hay amor verdadero y duradero, las respuestas a las preguntas anteriores son una evidencia clara del futuro de la relación.

Reitero, es mejor decir que duró lo que tenía que durar y con el paso del tiempo la aceptación liberará poco a poco el dolor. En ese proceso de aceptación está la liberación. "Duró lo que tenía que durar, aunque me cueste aceptarlo, de mí depende adaptarme o amargarme."

Me resisto a creer en un destino predeterminado, pero acepto que no tengo el control de las acciones, emociones o decisiones de quien dije amar tanto. Todos tenemos ese libre albedrío que nos permite decidir qué rumbo queremos tomar en la vida. A veces dejamos de ser una prioridad para alguien, lo queramos o no, y eso se sale de nuestro control.

Tercero, **cada miembro de la pareja o expareja tiene su bagaje.** Claro que es natural preguntarse qué culpa tengo yo de los traumas no resueltos de alguien más. Lo más probable es que ninguna, pero la vida permitió que conocieras a quien significa o significó mucho para ti. En su momento se dieron el

amor que tenían y que podían compartir, ese es el valor más grande con el que te quedas. Hoy quiero decirte que nunca te arrepientas del amor, la entrega, las alegrías y los momentos otorgados a quien decidiste amar.

Por mucho tiempo me pregunté por qué la gente era como era. Después llegué a la conclusión de que tiene que ver con un conjunto de situaciones vividas que marcan la personalidad. Cada uno da lo que tiene, lo que viene cargando de su historia en su equipaje personal. Nuestra historia comienza incluso antes del nacimiento; está cargada de herencias y patrones familiares repetidos de generación en generación; de los problemas o conflictos; de sensaciones de dolor emocional, como la tristeza, el abandono o el rencor que pudo haber vivido nuestra madre durante el embarazo. Una infancia complicada, traumas no resueltos, expectativas no cumplidas y patrones de conducta que pudieron haberse imitado desde la niñez.

Tristemente las situaciones no resueltas en la infancia, adolescencia y juventud recobran vida en las relaciones de adultos. La pregunta que solemos hacernos es: "¿Qué culpa tengo yo de lo que vivió?" Nos amparamos en el refrán: "Lo que no fue en mi año, no me hace daño." Inevitablemente esos daños del pasado sí tienen repercusiones en el presente de esa persona y, por supuesto, en el tuyo.

Reitero, el *hubiera* sirve sólo para incrementar el dolor y la pena, regresarnos a lo que pudimos haber hecho diferente sólo ayuda como estrategia de aprendizaje, no de lamentación. Conforme conozco más parejas en conflicto, más veo la relevancia de que conozcan las cualidades y los defectos del otro. Generalmente, por la alta carga de hormonas y neurotransmisores relacionados en el enamoramiento, nos cegamos ante lo que pueden considerarse señales de alarma, como actitudes y principios que no son compatibles con los nuestros.

Además de que en la etapa del enamoramiento vivimos una especie de sesgo en la percepción del otro, y vemos sólo lo que queremos o como queremos. También es cierto que tanto los hombres como las mujeres solemos actuar un poco al inicio de las relaciones, mostramos nuestra mejor cara, y eso es posible mantenerlo por un buen tiempo. El compartir constantemente y el tiempo son los que ayudarán a conocer mejor a la pareja, por eso sigue vigente mi recomendación de no unir tu vida a alguien a quien tengas menos de tres años de conocer. Como dice la canción: *la vida te da sorpresas, sorpresas te da la vida...*

Analiza estos **cinco puntos fundamentales que pudieron haberte dado la pauta ante lo que no ves o no quisiste ver:**

1. **La forma en la que reacciona ante los conflictos.**
   Los problemas cotidianos, el tráfico, la gente que piensa diferente, los problemas en el tra-

bajo, un mal servicio, entre otros. Analiza su forma de reaccionar ante lo que sucede y no puede cambiar. Dentro de este punto quiero agregar las tremendas luchas de poder que pueden existir en pareja y las reacciones que generalmente tienen quienes, a fuerza, quieren ganar una discusión. Hay una frase que marcó mi vida hace muchos años: "Ganamos una discusión cuando la evitamos."

Hay **cuatro formas de ganar a costa de drenar la energía de la pareja:**

1. **El intimidador:** le gusta amenazar con hacerte o hacerse daño. Busca intimidarte donde sabe que más te duele aprovechándose de que te conoce muy bien. Su intimidación se basa principalmente en amenazas que por lo general no cumple y, si las llegase a cumplir, sería en un momento de rabia o donde siente que perdió el control total de la situación.

2. **El "nadie me comprende":** yo que me sacrifico tanto; pobre de mí; yo que lo he dado todo; yo que cargo con toda la responsabilidad. Tienen una forma muy clásica de ganar una discusión, buscan conmoverte o causarte lástima.

3. **El interrogador:** le encanta hacer preguntas que invaliden la opinión de la pareja o la hagan sentir incompetente: ¿por qué eres así?, ¿por qué no me avi-

saste antes?, ¿por qué no pensaste antes de ir?

4. **El que te ignora:** al ver que no puede ganar una discusión huye dejándote con las palabras en la boca. Posteriormente te aplica la tan absurda ley del hielo, un método bastante inmaduro.

> La vida es demasiado corta para desperdiciarla en tonterías, en luchas de poder, en estar triste, en intimidar o estar enojado; es demasiado corta para tener rencor, para vivir en el pasado, para vivir por adelantado en el futuro, para estar deprimido, o para ser cruel.

2. **¿Cómo trata a su familia de origen?**
Es esencial el valor que esta persona le da a sus padres y hermanos, ¿En qué lugar está el agradecimiento por quien le dio la vida? ¿Cómo se expresa de sus padres y hermanos? Esto no significa que todo en su historia familiar debe ser color de rosa, puede que nos comparta hechos tristes, discusiones, malos entendidos, heridas que lo marcaron, pero el sentimiento que acompaña la narración puede darnos una pauta del avance en el camino de sanación.

Rumi, erudito y teólogo islámico del siglo XIII, uno de los grandes pilares de la cultura sufí, decía: "Es por la herida por donde entra la luz, pero también es por la herida por donde sale la luz." La infancia no siempre marca un destino, todo depende de lo que decides hacer con los aprendizajes dolorosos.

No existen los padres perfectos pero, dentro de la gran imperfección que todos tenemos, hay personas a quienes la palabra padre o madre les queda grande. Algunos sin darse cuenta desahogan todos sus problemas, traumas y frustraciones en sus hijos, en lugar de esforzarse por darles una infancia positiva, inolvidable. Los resentimientos de esos hijos tarde o temprano se reflejarán, incluso en relaciones posteriores.

3. ¿Cómo fue su infancia?

Según el padre del psicoanálisis, Sigmund Freud, infancia es destino. Él deseaba siempre ser reconocido y admirado por algún descubrimiento o alguna aportación y, según él, quien influyó enormemente en su infancia fue Amalia, su madre. Ella le repetía constantemente que sería un gran hombre, una persona de éxito. Y en psicoterapia Gestalt he aprendido que es difícil ceder al deseo inconsciente de una madre. Pero, por otra parte, el pequeño Sigmund tenía la influencia paterna de Jakob, quien siempre lo reprendía: "Este niño nunca logrará nada." En su mente también se grabaron aquellas palabras, quizás desde aquella travesura a los siete años al orinarse en la habitación de sus padres. Sin embargo, Sigmund decidió quedarse con la teoría de su madre.

El caso de Freud es muy contundente, yo también, por experiencia propia, afirmo que infancia no siempre es destino. Es determinante la interpretación que haces de lo vivido. Si tu pareja fue víctima de algún tipo de abuso, testigo de violencia o tuvo poca demostración de afecto y aceptación, la factura se pasará algún día. Los estudios demuestran el impacto de la carencia de amor y afecto en la infancia, así como las consecuencias del esfuerzo que realizan los niños para sentirse aceptados. En su etapa adulta buscarán la aceptación de quienes piensan que deben hacerlos felices, incluso a costa de los malos tratos que puedan recibir. Triste pero real, gran parte de los niños maltratados buscan, atraen o se convierten en parejas maltratadoras.

4. **¿Cómo te trata en público y en privado?**

¿Te sientes bien con el trato que te da en todos los ámbitos? Tristemente hay quienes soportan lo inaguantable con tal de evitar el cambio, el dolor o la incertidumbre. "Obsequia tu ausencia a quien no merece tu presencia", frase fuerte que se aplica perfectamente en este tema. También el terapeuta Mario Guerra nos recuerda: "¿Quieres que tu relación de pareja termine rápido? Sé infiel. ¿Quieres que termine lentamente? Critica todo lo que tu pareja hace."

¿Mereces malos tratos? ¿Vales tan poco como para seguir soportando ofensas? ¿Sientes que tienes que aguantar sus ofensas con tal de seguir aparentando lo que ya no hay? Miles de personas padecen maltrato, incluyendo que su pareja se burle en público por los errores cometidos, buscando la risa de los presentes. Recuerdo que en una ocasión me encontraba con un grupo de amigos y uno de los presentes empezó a ofender a su esposa con adjetivos y frases como: "Eres una tonta" y "Te lo dije no sé cuántas veces." Ella le pedía que, por favor, no la ofendiera "ahí". ¿Ahí? ¿Eso quiere decir que en otro lado sí puede ofenderla, en su recámara a puerta cerrada, con su familia?

Él siguió con las ofensas a pesar de la pena que representaba para su mujer, quien se limitó a sonreír nerviosa. No me pude aguantar y le pedí que, por favor, no la ofendiera más, a lo que inmediatamente la esposa me contestó: "César, te agradeceré que no te metas, es mi marido." ¡¿Cómo?! No podía creer su reacción. Por supuesto que aprendí la lección y entendí que hay quienes se convierten en adictos a ese tipo de sufrimiento y sumisión, creyendo ilusamente que es parte de un amor que se profesa. Conclusión: cada uno aguanta hasta donde cree que merece.

5. **Sus ganas de superación.**
Mi abuela, doña Pola, decía que lo "huevón" difícilmente se quita. Para quienes me leen en países de Centroamérica y Sudamérica es importante aclarar el significado de esta palabra en México. En mi país un huevón es quien demuestra con sus actitudes que no le gusta trabajar, que es flojo o floja, tiende a buscar excusas para evitar el esfuerzo que representan ciertas actividades, especialmente las relacionadas con el trabajo.

Cuando conocemos a alguien que tiene potencial para ser nuestra pareja es importantísimo analizar el concepto que tiene del trabajo.

133

¿Se expresa en forma negativa de su fuente de empleo? ¿Cambia frecuentemente de empleos porque sus jefes no lo comprenden? ¿Se cambia de empresa por un puesto similar o por un ascenso? ¿Busca la forma de realizar el mínimo esfuerzo? ¿Constantemente batalla por dinero, pero no busca la manera de generar más? ¿Nunca le alcanza?

Ahora, independientemente de lo laboral: ¿El lugar en el que vive es un muladar? ¿No le gusta dedicar tiempo a la limpieza de donde habita y no tiene personal que lo ayude en estas tareas?

Te tengo muy malas noticias. Si contestaste que sí a dos o más de las preguntas anteriores, te puedo asegurar que estás conviviendo con un huevón o una huevona que, como bien dijo mi abuela, difícilmente cambiará su manera de ser. Ilusamente tú sigues creyendo que con el paso del tiempo le ayudarás a cambiar, pero te aseguro que no será así. Y tu desencanto será mayor cuando tengas que hacerte completamente cargo de sostener el hogar. Todavía fuera alguien que heredó una fortuna. Ya en ese caso dependerá de ti decidir si inviertes o no en esa relación.

Para concluir este capítulo, te quiero preguntar si has escuchado o has dicho la frase: "Es que no eres tú, soy yo." Se adjudica especialmente cuando alguien desea terminar una relación y no quiere hacer sentir mal al otro, por lo que asume su responsabilidad de esta forma. "¡Claro que eres tú!" "De acuerdo, ¡eres tú, no yo!" Es lo que se debería contestar al escuchar tan fuerte sentencia al terminar una relación.

El terapeuta Axel Ortiz compartió este tema en el programa de radio y enfatizó en que no es el amor sino lo que cada uno entiende por amor. Tristemente el machismo no se ha erradicado, alrededor del 65% de las mujeres sufren algún tipo de maltrato en las escuelas, trabajos o casas. Resulta impactante el hecho de que sólo en el territorio de los Estados Unidos una mujer es golpeada o abusada 35 veces antes de que la policía tenga el primer reporte de violencia. ¡Imagina las cifras en países latinos!

Generalmente quien maltrata ya normalizó la violencia hacia su víctima y de alguna manera busca que se sienta culpable o responsable de provocar ese maltrato. ¡Increíble pero cierto! Si en tu infancia hubo exposición al maltrato, es probable que puedas normalizar la violencia. De ahí viene la alta posibilidad de que una niña que lo vivió busque en su etapa adulta a un hombre igual de maltratador que su padre o madre, pues busca inconscientemente solucionar algo que en esa infancia no pudo.

Axel Ortiz me compartió **diez frases que regularmente utilizan las personas manipuladoras** y me expresó algunas maneras para manejarse frente a ellas:

1. **"¡Mi vida, el amor lo perdona todo!"**
   A lo mejor sí, pero el hecho de que te perdone no significa que deba seguir contigo. Te otorgo mi perdón, pero te quito mi compañía. ¡Zas!

2. **"¿No sabes que quien te ama te cela?"**
   Los celos no son un signo de amor, aunque siguen existiendo mujeres y hombres que se quejan amargamente de que su pareja no los ama porque no los cela. Los celos no son parte de la naturaleza humana y mucho menos la agresión causada por celos. Si me agredes por celos lo que necesitas no es una pareja, necesitas un terapeuta.

3. **"Si me quieres de verdad, me tienes que aceptar como soy."**
   Una cosa es aceptarte y otra es aguantarte. Acepto tus imperfecciones, tus momentos incómodos, tus ronquidos, tus apestosos gases, pero de ahí a aceptar tus infidelidades o tus malos tratos, no. Si no respetas los límites saludables que te pongo entonces es momento de partir.

4. **"Yo sé que con tu amor puedo cambiar."**
   ¿De dónde sacas semejante afirmación? Si ni yo he cambiado actitudes mías, ¿qué te hace pensar que con mi amor tú cambiarías?

5. **"Se casa uno para toda la vida."**
    Frase muy mal entendida. No es para toda la vida física; es para toda la vida que dura el amor. Cuando el amor se va, el cuerpo también debe irse.

6. **"Si te quiere, te va a hacer sufrir."**
    ¡Por supuesto que no! Esta frase ha hecho mucho daño por la confusión que ocasiona. Claro que algunas crisis en las relaciones nos causan sufrimiento, no hay vínculo sin fricción. Pero quien te causa sufrimiento constantemente no te ama.

7. **"Tú deberías saber lo que quiero y necesito."**
    ¡Ahora resulta que soy psíquico! No he avanzado tanto en mi evolución como para tener el don de la adivinación. Prefiero que me digas qué quieres y qué crees que puedo hacer yo por ti.

8. **"El verdadero amor implica estar juntos todo el tiempo."**
    Disculpa, pero no somos siameses, no nacimos pegados y el amor necesita también libertad. Como dijo Freud: "Cuando dos personas están de acuerdo en todo, se podría asegurar que uno estaba pensando por los dos."

9. **"En la cama se resuelven los conflictos."**
   El sexo es una pasión y como tal, entre menos mente mejor. "Menos charla y más acción", dirían muchos, pero tengo que aceptar que a veces es sólo un distractor o una bandera blanca, pero por sí solo no resuelve los conflictos no hablados.

10. **"El tiempo lo cura todo."**
    ¡El tiempo no cura nada! Con el paso del tiempo vamos adquiriendo las herramientas para sanar. Nuestra salud mental no está para dejar que el tiempo la cure. Como un acto de amor aprende a dejar ir y también aprende a irte.

> Quédate donde te sientas querido.
> Quédate donde sientas que puedes aportar y recibir.
> Quédate con quien sientas que tu vida, tu esfuerzo y tu amor tienen sentido.
> Quédate con quien saque tu mejor versión.
> Quédate con quien puedas sacar tu mejor versión.

Deseo que recuerdes que nada es para siempre, que con el paso del tiempo se entiende que todo tiene un *por qué*, pero sobre todo un *para qué*.

8

Elige a tus amigos... y a tus enemigos

"No es suficiente elegir sólo a tus amigos, también es necesario elegir a tus enemigos", me dijo el padre Ricardo López Díaz, amigo entrañable de quien tanto he aprendido. Y es que todos sabemos que debemos elegir a nuestros amigos, pero difícilmente nos hemos enfrentado a la decisión de elegir a nuestros enemigos, ya que, por naturaleza, nadie desea tenerlos. Sin embargo, tú sabes que con echarle ganas a las relaciones humanas no es suficiente. Hacemos lo posible por agradar, empatizar, incluso con la gente que no es de nuestro agrado, sobre todo si existe algún vínculo que nos une o una circunstancia laboral. Trabajar con gente insoportable se convierte en un verdadero suplicio, pero convivir con familiares así es un infierno.

Elegir a quienes verdaderamente merecen el rango de amigos depende de tus valores, principios, aficiones y pasatiempos. Sigo creyendo que le damos el título de amigo a conocidos. Así como contestamos automáticamente con un "muy bien" a un "¿cómo estás?", hacemos lo mismo con el término de amigo. "¿Quién era?" "Un amigo que conocí hace un año, pero nunca lo había vuelto a ver." ¿Eso es un amigo?

> **Identificamos a un verdadero amigo por la conexión que existe, el diálogo que entablamos aun en el silencio, la confrontación y las ideas diferentes compartidas siempre desde el respeto, la complicidad y la posibilidad de darle entrada a nuestro centro sagrado.**

La facilidad de compartir las situaciones consideradas privadas o íntimas sin la necesidad de pedir o, incluso, hacer jurar, que no lo va a compartir con alguien, nos habla de los verdaderos amigos, a quienes no se les tiene que solicitar lo anterior porque saben lo que es y lo que no es conveniente compartir fuera de ese círculo privado. Los verdaderos amigos están en las alegrías y en las penas, así como tienen la capacidad de perdonar los errores que todos cometemos.

Obviamente tienen gran mérito los conocidos quienes, a pesar de no compartir con frecuencia nuestra vida, sabemos que están y podemos buscarlos para pasar momentos amenos. Pero, por diversos factores, no compartimos nuestro centro sagrado con ellos, eso que no platicamos con cualquiera, y no porque sea algo considerado malo o incorrecto, sino sólo porque no existe esa confianza que nos llevaría a entablar una relación más estrecha.

Cuando un amigo pasa a ser enemigo se convierte en una ruleta rusa. La bala del resentimiento va ensalivada del conocimiento que cada uno tiene del otro. Muchas veces las personas se aprovechan de lo que saben del otro o de su vulnerabilidad para dañarlo. ¿Cuántos casos conoces de quienes eran grandes amigos y por una situación, importante o intrascendente, dejaron de serlo y se convirtieron en grandes enemigos que difunden a diestra y siniestra mentiras, realidades, secretos y, lo más terrible, saben perfectamente el punto débil de la persona en cuestión y lo usan en su contra? Enorme riesgo convertir en enemigo a un amigo, todos somos un poco impredecibles en la adversidad y aunque conozcamos mucho a nuestro amigo, su faceta como enemigo puede sorprendernos ingratamente. Funciona parecido a la frase que se utiliza en relaciones fallidas de pareja, que dice: "Sabes con quién te casas, pero no de quién te divorcias." ¡Zas!

Otro es el caso de los desconocidos, personas que nos topamos de manera esporádica y que probablemente no volveremos a ver, pero que pueden convertirse en seres insufribles e insoportables.

Parece que vienen a poner a prueba nuestra paciencia, hasta el más santo sucumbe ante sus actitudes impertinentes y desesperantes. En estos casos alejarnos puede ser una excelente decisión. Engancharnos con quienes sólo buscan desestabilizarnos provoca un malestar innecesario que, lo quieras o no, tiene repercusiones en el organismo. ¿Sabías que se activan más áreas en el cerebro antes de un enfrentamiento con sólo los pensamientos llenos de ira que podemos generar que durante la discusión o el pleito? El cerebro no sabe diferenciar un momento de otro, la imaginación es tremenda y puede ocasionar el mismo daño visualizar el momento lleno de ira que el acto real de discusión.

Qué maravilla elegir a nuestros amigos a partir de lo que es afín a nosotros. Y aquellos que sentimos que no están en la misma frecuencia vibratoria de tranquilidad, alegría, paz, diálogo o entendimiento, pues que circulen porque el agua estancada ¡se apesta! Sin embargo, elegir a nuestros enemigos se convierte en todo un dilema. Primero, porque nadie los quiere tener por el desgaste que significan, y segundo, porque depende de quién decides que sea tu enemigo, ya que como dice el refrán: "Arrieros somos y en el camino andamos."

Imagina la cantidad de energía que nos podemos ahorrar si evitáramos enemistades con personas que son importantes en nuestra vida, ya sea porque tenemos que convivir diariamente, por la cercanía de nuestras casas (tratándose de vecinos), por la jerarquía que tienen (el caso de nuestros superiores) o simplemente, por la posibilidad de que en un futuro nos volvamos a encontrar, pero en diferentes circunstancias. Tú sabes que la vida da muchas vueltas, a veces nos topamos con personas de nuestro pasado en circunstancias cruciales para nosotros. Solemos escuchar frases como: "Yo a ti te conozco", "Tu cara se me hace familiar", "¿Dónde nos vimos antes?" Y tu reacción puede ser un: "Trágame tierra" o "¡Qué bueno que te vuelvo a ver!", dependiendo de lo sucedido en el pasado.

Es imposible negar que tener el control de nuestras emociones se puede convertir en nuestra más grande fortaleza y tener calma en las circunstancias adversas puede ser considerado un signo de madurez total. Imagínate llegar al estado maravilloso en el que tu ánimo no dependa de todo lo que te rodea, ¿crees que pueda ser posible? Probablemente no al cien por ciento, pero con base en la práctica podemos avanzar significativamente.

Permíteme recomendarte algunas **estrategias para elegir amigos y no enemigos** en tu andar por esta maravillosa aventura llamada vida.

1. **No esperes que todos piensen igual que tú.** Cada quien tiene derecho a opinar diferente y a ver el mundo distinto a como lo ves tú. Si deseas cambiar lo anterior, te aseguro que te será fácil encontrar enemigos en tu camino.

2. **Permite que la gente se equivoque con elegancia, con distinción, sin necesidad de sentirse mal por el error que comete.** Pide que la gente sea perfecta cuando tú lo seas. En su defecto, aprende a lidiar con la imperfección, porque corregir agresivamente, evidenciando la poca capacidad que tienen los demás, incrementará tu soberbia y disminuirá notablemente tu imagen ante el acusado y los testigos presentes.

3. **Si deseas evitar enemigos, enaltece las acciones de quienes te rodean.** Estamos rodeados de personas que, como tú y yo, necesitan sentir reconocimiento de las decisiones y acciones que toman. Aunque no lo pidamos, la mayoría de nosotros necesitamos del reconocimiento, y más, después de realizar un gran esfuerzo. Es fácil hacer sentir a alguien importante, como fácil es hacerlo sentir intrascendente e insignificante, apelando a la indiferencia, el silencio o la desaprobación injustificada cuando nada nos es suficiente.

4. **Evita la ingesta de prójimo.** "Hablar mal del que no está, habla terriblemente mal de ti; hablar bien del que no está, enaltece tu presencia." Frase matona. Así como las malas noticias llegan más rápido que las buenas, los comentarios mal intencionados —generalmente llenos de envidia, resentimiento y mala vibra— llegan más rápido a los oídos de quien ha sido juzgado con o sin causa. Ser testigo mudo cuando alguien habla malintencionadamente de un amigo o conocido también puede convertirte en cómplice. "¿Por qué permitiste que hablaran así de mí?" "¿No dijiste nada para desmentir tan terrible calumnia?" "¿Y estabas tú ahí?" Viví una situación similar a estas y aunque mi silencio no fue por complicidad, sino por evitar ser parte del comentario, me fue peor.

Por supuesto que hay quienes huyen de los conflictos y prefieren guardar silencio, pero una estrategia infalible que he recomendado en conferencias y publicaciones diversas es decir lo bueno que sabes o conoces de la persona en cuestión. Decir una cualidad o lo que admiras de quien se comen de manera despiadada envía un mensaje sutil de no estar de acuerdo con lo que se está expresando y, como dije antes, enaltece tu presencia.

5. **Ten siempre presente que no es lo mismo discutir que dialogar.** El diálogo se convierte

en discusión sólo con modificar el tono de voz, la intención que guardan tus palabras y la agresividad explícita e implícita que manifiestas. No es lo que dices, sino cómo lo dices. No es que expreses sólo el desacuerdo, sino el afán de ganar incluso cuando los argumentos contrarios sean más fuertes o válidos que los tuyos. Claro que ganamos una discusión cuando la evitamos. Vale más un silencio prudente y en el momento adecuado una frase que con humildad exprese que estabas equivocado que enfrascarse en una discusión. ¡Qué afán de querer tener siempre la razón!

Es un gran error querer que otros controlen tu estado de ánimo y la dirección de tu vida. Siembra lo que desees cosechar en un futuro y que esa siembra siempre vaya acompañada del mejor abono: el buen trato y el amor que tienes en tu interior. Elige a tus amigos, pero mucho cuidado en elegir a tus enemigos.

Termino este capítulo compartiendo una anécdota que jamás olvidaré. Entrevisté en mi programa de radio a varios personajes de la vida pública que admiro; la lista incluía una enfermera, un bombero, un paramédico y un mesero. Todos dijeron que en alguna ocasión habían atendido a alguien conocido o a alguien cercano a algún conocido. Eso me hizo recordar que nunca sabemos cuándo y dónde nos volveremos a encontrar con quienes un día la vida nos permitió conocer. Y muy probablemente en ese reencuentro las circunstancias serán muy distintas.

Aunque la enfermera, el bombero y el paramédico realizan trabajos que tienen que ver con la vida y la muerte, y se supone que el espíritu de servicio está presente en estas profesiones sin importar a quien se atienda, no está de más haber dejado algo positivo en quien en un momento tan crítico nos puede estar ayudando. Por el contrario, en el trabajo de mesero —labor que admiro por la cantidad de horas que están de pie, por la prontitud que se les exige y por las quejas que soportan— se trata con una gran variedad de comensales. Gente muy amable pero también gente déspota que, como nadie les hace caso en sus casas, sienten que los meseros tienen la obligación de atenderlos como en ningún otro lugar. Por su peculiaridad me atreví a preguntarle al mesero si era mito o realidad lo que he visto en películas y se conoce como secreto a voces: ¿es verdad que cuando un cliente los trata mal añaden como "obsequio" un escupitajo en el plato? Con mucha seriedad me dijo que jamás lo había hecho, pero que jamás pondría las manos en el fuego por algunos de sus compañeros. ¡Zas!

Llego a la siguiente conclusión: nunca te pelees con un mesero y mucho menos antes de que te lleve tu platillo.

9

Decir adiós por la muerte, duele

Shakespeare escribió: "Dad palabras al dolor, porque la pena que no habla murmura en el fondo del corazón y le invita a romperse."

¿Cuántas veces decimos que el tiempo lo cura todo? Y por supuesto que el tiempo por sí solo no cura nada, es lo que hacemos al paso de ese tiempo lo que puede sanarnos. ¿Te has preguntado qué porcentaje de personas que viven un duelo llegan a trabajarlo de tal forma que logran sentirse bien? Yo me lo he preguntado, por los duelos que he vivido y por la enorme cantidad de personas que me contactaron después de haber escrito mi libro *Una buena forma para decir adiós*. Me siguen sorprendiendo quienes logran sobrellevar las penas de manera rápida y evitando el sufrimiento sin encapsularlo. No es lo mismo superar un adiós desde la aceptación, que creer que se ha superado desde la negación o evitando sentir. Esto último causa más sufrimiento al paso del tiempo.

Según las estadísticas, 90% de la gente que vivió un duelo pudo sobrellevarlo a tal grado que continúa con el ritmo de su vida. Esto no quiere decir que ha olvidado a quien se fue, sino que ha logrado resolver adecuadamente su proceso de duelo. Mientras que un 10% se queda sumido en el dolor por años, preguntándose cómo será su vida sin la presencia de quien tanto extraña, lamentándose por no haber hecho o dicho lo que sintió, o añorando y esperando despertar de una pesadilla que desearía jamás haber vivido. Este porcentaje necesita una terapia de duelo. Los expertos en el tema del duelo calculan que los signos y síntomas que se viven por la ausencia de un ser querido implican un dolor de no más de seis meses de duración. Pero sin duda hay personas que no lo superan en ese tiempo y requieren terapia especializada.

La palabra *duelo* proviene del latín *dolus* y significa dolor. Los romanos eran un pueblo culto, reyes de la oratoria y de la retórica. También eran muy hábiles en la nomenclatura, así que del antiguo vocablo latino es fácil deducir que duelo implica dolerse. Sara Losantos, psicóloga de la fundación Mario Losantos del Campo —dedicada a la formación en salud y educación para crear una sociedad más justa y mejor, con centros en España, África y Sudamérica—, dijo:

"Si no duele, no es un duelo. Si no se afronta, el duelo se complica, ya que hay personas que, cuando sienten el dolor de la pérdida, les resulta tan agudo, intenso y devastador que prefieren arrinconarlo o inhibirlo."

¿Qué hacemos normalmente ante un duelo? Decimos una y otra vez que estamos bien, tratamos de evitar el dolor y nos acercamos a lo que nos produce placer. Todo esto puede considerarse un acto de supervivencia.

En mi doctorado en psicoterapia Gestalt he aprendido que el dolor emocional no trabajado cobrará factura al paso del tiempo. Si no se atiende un duelo puede "enquistarse" y el precio es demasiado alto.

Siempre es conveniente enfrentarlo para superarlo. Es muy importante una red de apoyo formada por familiares, amigos, terapeutas, incluso, asesoría espiritual si se tienen creencias que puedan fortalecer la fe. Decir adiós por la muerte de un ser querido duele y más si se trató de una relación muy intensa.

Durante la pandemia por Covid tuve la oportunidad de acompañar a personas cercanas en su proceso de duelo. Las reacciones fueron diferentes, te explico por qué. Falleció el esposo de una amiga, 45 años de casados, hombre amoroso, trabajador y excelente padre de familia. Un hombre que sabía demostrar el amor y la cercanía desde sus cinco lenguajes, como tan acertadamente los describió Gary Chapman en *Los 5 lenguajes del amor*, con palabras, actos de servicio, regalos, demostraciones físicas de amor y tiempo de calidad. Estar con él era pasar momentos memorables, no sólo para su esposa e hijos, sino para todos los que tuvimos la gran fortuna de conocerlo.

Otra persona que falleció fue el marido de una conocida, que prácticamente era todo lo contrario. Desobligado, mal padre, inestable emocionalmente, maltratador, múltiples crisis por infidelidad y varias monerías más que, por respeto a esta mujer, mejor no menciono aquí.

Una de mis comadres perdió a un hijo joven, deportista, que fue víctima de un infarto fulminante. Para ella y mi compadre ha sido un dolor inmenso del cual se están recuperando lentamente. Se rehúsan a desprenderse de las cenizas de su amado hijo, un ser excepcional.

Por supuesto que ninguno de estos duelos fueron iguales. El primero sucedió hace más de un año y la intensidad parece no disminuir para mi querida amiga Sandra. Sus dos hijos han seguido adelante, están casados y con hijos, pero ella dependía totalmente de su esposo. Era tanto su amor que no permitía que Sandra se molestara por trámites de ningún tipo. Ya te podrás imaginar el nivel de dependencia que se generó, además del inmenso amor que se tenían.

El segundo se sobrellevó relativamente rápido, al grado de que a los veinte días de fallecido, toda la familia se fue a un crucero para "sobreponerse de la pérdida". Todavía pienso si fue para sobreponerse o celebrar y, por supuesto que no tendría nada de malo, ¿cómo extrañas a quien te maltrata?

El tercer duelo se ha podido sobrellevar pero muy lentamente, ya que, como dice mi querida amiga y tanatóloga Gaby Pérez, la muerte de un hijo va *contra natura*, lo natural es que nos vayamos primero los padres. Sé que hay padres y madres que logran sobrellevar la pena, pero no todos. Hay quienes se hunden en el dolor y mueren con sus hijos los sueños y las ilusiones.

Katherine Shear, psiquiatra de la Universidad de Columbia, publicó lo siguiente:

"El sufrimiento complejo o prolongado puede afectar a cualquiera, pero especialmente a los adultos de más edad, debido a las muchas pérdidas que sufren (cónyuges, padres, hermanos, amigos). Llega de la mano del duelo y la prevalencia de pérdidas importantes es muchísimo mayor entre quienes tienen más de 65 años."

En un artículo de revisión, publicado en *The New England Journal of Medicine* a principios del 2015, Shear enumeraba varios **síntomas propios del sufrimiento complejo:**

1. Añoranza o anhelo intenso.
2. Pensamientos y recuerdos que causan preocupación e incapacidad para aceptar la pérdida.
3. Imaginar constantemente el futuro sin la persona fallecida.

Entre los síntomas más recurrentes ante una pérdida están los pensamientos relacionados con lo que se pudo haber hecho para evitar su muerte. Desde no haberse separado, cambiar la alimentación o evitar que fuera al lugar donde perdió la vida. Cuando murió mi madre me repetía una y otra vez esta frase: "Pude haber hecho más por ella." Al paso de los años me doy cuenta de que ese es un pensamiento que mucha gente tiene días posteriores a la muerte, incluso cuando hizo todo lo que estaba en sus manos. Es esa creencia errónea de que nunca es suficiente.

Con el tiempo, un aprendizaje importante para mí ha sido que, a diferencia de una muerte repentina o violenta, cuando una persona fallece después de depresión o ansiedad prologada o por consumo de drogas es más difícil el proceso de adaptación luego de la pérdida. Creo en los grupos de autoayuda como una de las mejores terapias contra el dolor generado por un pérdida. Compartir las penas con quienes vivieron situaciones similares siempre será de alivio. Saber que no soy el único que ha sufrido algo así genera consuelo.

Nunca podremos decir que las manifestaciones de duelo son iguales o universales. Dependen de la relación que se tuvo, la cultura en la que sucede, el manejo de la crisis y, sobre todo, la capacidad de resiliencia que se haya demostrado en otras adversidades. Resiliencia es ser más fuertes después de un dolor. En otras palabras, la experiencia, el aprendizaje y la personalidad serán lo que defina la respuesta ante un duelo. Tampoco puedo dejar de lado la información genética que se transmite de generación en generación; de una manera u otra, esto marca significativamente nuestras emociones, ya

CUANDO "ECHARLE GANAS" NO ES SUFICIENTE

que estas son parte del legado genético de nuestra especie que permanece en nuestras células.

A ti que estás leyendo este capítulo por curiosidad, en busca de consuelo o porque en el fondo de tu corazón ya sabes que tarde o temprano vivirás un duelo, quiero decirte que las manifestaciones son variadas y todas válidas. La clasificación que más me ha ayudado a entenderlo es la que hace el psiquiatra Jorge Luis Tizón, autor de varios libros, entre ellos *Pérdida, pena, duelo*. Tizón expresa que **las vivencias más comunes en nuestro medio relacionadas con la pérdida son:**

Dimensión física. Se refiere a las molestias físicas que puede experimentar la persona en duelo. Sequedad de boca, dolor o sensación de vacío en el estómago, alteraciones del hábito intestinal, opresión en el pecho, opresión en la garganta, falta de aire, palpitaciones, falta de energía, tensión muscular, inquietud, alteraciones del sueño, pérdida del apetito, pérdida de peso, mareos. Algunas investigaciones han demostrado que las situaciones de estrés —que incluyen la muerte de un ser querido— están íntimamente relacionadas con la inmunodepresión y, por tanto, el organismo humano está más vulnerable a enfermarse.

Dimensión emocional. Sentimientos de tristeza, enfado, rabia, culpa, miedo, ansiedad, soledad, desamparo e impotencia, añoranza y anhelo, cansancio

160

existencial, desesperanza, abatimiento, alivio y liberación, sensación de abandono, amargura y sentimiento de venganza. Si antes de morir se pudo manifestar afecto, los síntomas relacionados con la tristeza serán menos intensos. Si no, podrá ayudar la dinámica de la silla vacía, dirigida por un terapeuta, de preferencia Gestalt, o realizar una carta dirigida y escrita desde el corazón.

Además de estas emociones, son muy comunes los sentimientos de culpa. Hace algunos años conversé con un padre de familia que había sido sumamente seco en la demostración de afecto hacia uno de sus hijos. Me dijo que era al que menos quería y del que menos esperaba que le fuera bien en la vida. El hijo tuvo una muerte trágica en un accidente automovilístico, podrás imaginar el sufrimiento que cargó por mucho tiempo el padre. Además de canalizarlo con un terapeuta y un psiquiatra, por su gran tristeza y depresión junto a rasgos suicidas, le sugerí un ritual en el que solicitara el perdón de su hijo para aliviar su pena. Como acude con frecuencia a un culto religioso, también le propuse que buscara el apoyo del pastor de la iglesia a la que asistía para que lo ayudara a realizar una petición de perdón mediante alguna oración. Sus creencias le permitían sentir que su hijo, en la dimensión en la que se encontrara, podía escucharlo. Todo aquello tuvo resultado y ha logrado seguir con su vida de una manera más activa y en paz. Moraleja: hagamos las paces con quien tengamos que hacerlo.

Sembremos amor en nuestro paso por esta etapa terrenal y no esperemos que llegue la muerte de forma inesperada y nos cause un dolor inmenso que tarde más en sanar.

Otro sentimiento es el enojo o la rabia. Tengo que confesar que llegué a sentirlo el día que mi madre, agonizando en la camilla del hospital más cercano a donde sufrió la embolia, se iba sin ningún tipo de atención. Sin que los médicos de guardia supieran que era mi madre les pregunté por su indiferencia con esa paciente. Contestaron que sufría una embolia en una arteria principal y no había nada que hacer. "Lo más seguro es que ya tenga muerte cerebral", me dijeron con toda la desfachatez. "¡Es mi mamá!", grité. En ese momento se levantaron, trajeron oxígeno y le canalizaron un suero. No quiero recordar esos minutos, pero la sensación de ira mezclada con la culpa de no haber estado con mi madre cuando sucedió el incidente me acompañaron por varios meses.

Mi remedio fue llorar y, mucho después de su partida, ejercitarme más para canalizar esa energía, golpear cojines de la sala de mi casa y, obviamente, una terapia de perdón hacia quienes practican la medicina de una forma tan indiferente. Me pregunté una y otra vez si esos médicos hubieran procedido igual si la paciente hubiera sido su madre.

Dimensión mental. Dificultad para concentrarse, confusión, embotamiento mental, falta de interés por las cosas, ideas repetitivas, generalmente relacionadas con el difunto, sensaciones de presencia, olvidos frecuentes.

Dimensión conductual. Aislamiento social, hiperactividad o inactividad, conductas de búsqueda, llanto, aumento en el consumo de tabaco, alcohol, psicofármacos u otras drogas.

Dimensión social. Resentimiento hacia los demás, aislamiento social.

Dimensión espiritual. Dudar sobre las creencias religiosas que se profesan. Se formulan preguntas sobre el sentido de la muerte y de la vida.

Si pudiera expresar qué es lo "normal" ante una pérdida te diría lo siguiente:

1. Aturdimiento e incredulidad ante la pérdida.
2. Debilidad, falta de apetito y dificultad para dormir.
3. Poco interés por actividades que apasionan.
4. Culpa, enojo, rabia.
5. Dificultad para la concentración.

William Worden, PhD, es miembro de la Asociación Americana de Psicología, con cargos académicos en la Escuela de Medicina de Harvard y en la Escuela de Posgrado de Psicología Rosemead en California, co-investigador principal del *Harvard Child Bereavement Study*. Es una de las autoridades mundiales en el tratamiento del duelo. Su interés profesional lo llevó a convertirse en un miembro fundador de la Asociación de Educación y Consejería de Muerte (ADEC) y del Grupo Internacional de Trabajo sobre la Muerte y el Duelo (GTI). Su libro *Tratamiento del duelo* ha sido traducido a doce idiomas y reeditado en múltiples ocasiones.

Para Worden existen **cuatro tareas básicas que una persona en duelo ha de realizar tras la pérdida.** Estas tareas no necesariamente siguen un orden específico, aunque sí es lo más recomendable para superar más rápido la pena. Las cuatro tareas propuestas son:

1. **Aceptar la realidad de la pérdida**

   Como lo he expresado antes, la aceptación libera. La primera tarea del duelo es aceptar y afrontar completamente la realidad de que la persona murió y no volverá. Es asumir que el reencuentro es imposible, al menos en esta vida tal y como la concebimos. Lo opuesto a la aceptación es la negación. La negación proporciona un alivio transitorio porque adquiere la forma de no sentir dolor y bloquear los sentimientos que representan un problema para seguir adelante con la vida.

   Ante esta negación es de gran ayuda pedir e insistir en que se repitan frases como: "Mi marido ya no está conmigo", "Mi mamá ya murió", "Mi hijo está muerto." Es importante hablar de la pérdida, de las circunstancias de su muerte, así como visitar el lugar donde están sus restos, por más doloroso que sea. Por supuesto que el tema se vuelve más delicado y doloroso cuando se trata de una muerte repentina o la partida de niños.

2. **Trabajar las emociones y el dolor de la pérdida**
Cada uno vive su duelo de manera diferente. Es imposible pretender que sabes lo que se siente, cada caso es diferente y la relación que se vivió con esa persona jamás será repetible. Bloquear los sentimientos a través de la negación paraliza e impide la evolución del proceso del duelo, además de que arrastra el dolor a lo largo de la vida. Es fundamental dejar que la persona exprese todo lo que siente, que hable y diga lo que quiera sin censuras, por más terribles que sean sus expresiones. Es necesario dejar que se libere diciendo lo que le nace en esos momentos para la elaboración de su duelo.

"¡Cállate! ¡No blasfemes contra Dios!", escuché en un velorio. Sin pretender ofender a quienes habrían dicho lo mismo, creo que en esos momentos de dolor es necesario que se diga y se grite lo que quiera. Imagino que mi Dios escucha y comprende, con su infinito amor, lo que siente quien sufre.

3. **Adaptarse a un medio en el que el fallecido está ausente**

    Aprender a vivir sin la presencia de quien tanto amamos, a vivir solos, a tomar decisiones sin el otro, a desempeñar tareas que antes se compartían. A pesar del dolor la vida sigue a su propio ritmo y en ocasiones con exigencias importantes. Recuerdo que la vida seguía su curso cuando murió mi padre. Veía a la gente en el aeropuerto apurada, riendo, durmiendo, platicando y yo con ganas de gritarles mi dolor. La vida sigue y entre más pronto entendamos esto, mejor. Desprenderme de quien ya no está, pero nunca renunciar a su recuerdo.

4. **Recolocar emocionalmente al fallecido y continuar viviendo**

    Siempre será parte de nuestra historia de vida, pero tienes que continuar haciendo hasta lo imposible para impedir pensamientos negativos por la pérdida. Cambiemos esos pensamientos por agradecimiento por el tiempo compartido, por lo bueno vivido, por los aprendizajes recibidos. Encontrarle un lugar apropiado en tu vida dejando espacio para lo demás.

    No hagas promesas durante la etapa más fuerte de dolor, por ejemplo: "Nunca volveré a ser feliz", "Jamás iniciaré otra relación", "No volveré a amar jamás." Y si hiciste una promesa así, nunca es tarde para reconsiderarla. Los apegos a quien ya no está son lo que más obstaculiza este cuarto paso. Nunca olvides que todo pasa si tú lo quieres, que la vida siempre te presentará nuevas oportunidades y no por eso faltarás a la lealtad que le tienes a quien se fue.

¿Sabes cuándo estás en la etapa final del duelo? Cuando encuentras motivos para vivir, cuando retomas actividades que anteriormente te apasionaban, cuando emprendes nuevas aficiones, expresas el amor que sientes por la gente que te rodea y haces algo por los demás. Cuando haces actividades en honor a quien se fue, pero no con dolor sino con alegría y como un tributo a su maravillosa vida. Cuando piensas en quien murió y no sientes dolor, resentimiento, rabia, culpabilidad o tristeza. Claro que se vale estar triste en algunos momentos, date la oportunidad de expresar lo que sientes, pero siempre con aceptación.

El final del duelo ocurrirá cuando encontremos motivos para vivir y podamos volver a vincularnos con aquello que la vida nos ofrece, sin olvidar ni dejar de amar a quien estuvimos unidos. Consideraremos que un duelo está resuelto cuando la persona es capaz de pensar en quien se ha ido sin dolor. Esto significa que consigue disfrutar de los recuerdos sin que estos le traigan dolor, resentimiento o culpabilidad. Nuevamente, sin descartar que pueda sentirse triste de vez en cuando y consiga hablar de esas emociones con libertad.

Deja que las cosas fluyan y fluye con la vida. No te prives de la posibilidad de volver a ser feliz. Ten la seguridad de que algún día nos encontraremos con quienes tanto amamos.

10

Depresión sonriente

Una de mis historias favoritas, digna de compartirse con quienes pasan momentos difíciles en su vida, es la historia de Garrick. David Garrick fue un actor y dramaturgo británico considerado una de las principales figuras del teatro inglés del siglo XVIII.

El escritor Juan de Dios Peza compartió esta historia en forma de poema:

Reír llorando

Viendo a Garrick, actor de la Inglaterra,
el pueblo al aplaudirlo, le decía:
"Eres el más gracioso de la tierra
y el más feliz." Y el cómico reía.

Víctimas del *spleen*, los altos lores
en sus noches más negras y pesadas,
iban a ver al rey de los actores
y cambiaban su *spleen* en carcajadas.

Una vez, ante un médico famoso,
llegose un hombre de mirar sombrío:
—Sufro —le dijo— un mal tan espantoso
como esta palidez del rostro mío.

Nada me causa encanto ni atractivo;
no me importan mi nombre ni mi suerte;
en un eterno *spleen* muriendo vivo,
y es mi única pasión la de la muerte.

—Viajad y os distraeréis. —¡Tanto he viajado!
—Las lecturas buscad. —¡Tanto he leído!
—Que os ame una mujer. —¡Sí soy amado!
—Un título adquirid. —¡Noble he nacido!

—¿Pobre seréis quizá? —¡Tengo riquezas!
—¿De lisonjas gustáis? —¡Tantas escucho!
—¿Qué tenéis de familia? —Mis tristezas.
—¿Vais a los cementerios? —Mucho, mucho.

—¿De vuestra vida actual tenéis testigos?
—Sí, mas no dejo que me impongan yugos;
yo les llamo a los muertos mis amigos;
y les llamo a los vivos mis verdugos.

—Me deja —agrega el médico— perplejo
vuestro mal, y no debo acobardaros;
Tomad hoy por receta este consejo:
sólo viendo a Garrick podéis curaros.

—¿A Garrick? —Sí, a Garrick... La más remisa
y austera sociedad lo busca ansiosa;
todo aquel que lo ve muere de risa;
¡tiene una gracia artística asombrosa!

—¿Y a mí me hará reír? —Ah, sí, ¡os lo juro!;
él, sí, nada más él... Mas, ¿qué os inquieta?
—Así —dijo el enfermo— no me curo:
¡Yo soy Garrick ! Cambiadme la receta.

¡Cuántos hay que, cansados de la vida,
enfermos de pesar, muertos de tedio,
hacen reír como el autor suicida,
sin encontrar para su mal remedio!

¡Ay! ¡Cuántas veces al reír se llora!
¡Nadie en lo alegre de la risa fíe,
porque en los seres que el dolor devora,
el alma llora cuando el rostro ríe!

Si se muere la fe, si huye la calma,
si sólo abrojos nuestra planta pisa,
lanza a la faz la tempestad del alma
un relámpago triste: la sonrisa.

El carnaval del mundo engaña tanto;
que las vidas son breves mascaradas;
aquí aprendemos a reír con llanto
y también a llorar con carcajadas.

Este maravilloso poema llega a lo más profundo de mi ser; han existido momentos en mi vida en los que he subido a los escenarios sin ánimo, con ganas de llorar, con una tristeza inmensa que invadía mi corazón y, aun así, tenía el compromiso de compartir, con profesionalismo, entusiasmo y buen humor, las conferencias.

"¿Cómo le hace doctor para estar siempre alegre?" "¿De dónde saca tanta energía para estar en gira por tantas ciudades?" "¡Me impresiona su capacidad de hablar durante dos horas continuas, manteniendo la atención de más de dos mil personas!" "¿Cómo le hace para ser tan divertido con temas tan serios?"

"¿Cómo le hago?", me preguntaba en esos meses de dolor. ¿Cómo puedo quedarme a dedicar cientos de libros con una sonrisa y dispuesto a escuchar a quienes pedían compartir conmigo algo que les dolía emocionalmente? Te digo lo anterior con toda humildad. No lo sé, pero lo que sí recuerdo perfectamente era que tenía que continuar y nunca desfallecer. Cometí el error de creerme inmune a padecer alguna enfermedad, fruto del esfuerzo que representaba viajar de un lado a otro con una carga emocional que en ese momento no podía sobrellevar ni superar.

Gracias a Dios, todo pasa, hasta lo que en su momento creí que jamás podría superar. Hoy digo con fuerza y alegría que la disposición de encontrar soluciones sobre cómo reaccionamos ante lo que podemos o no solucionar, marca la diferencia. Buscar ayuda terapéutica fue el más grande acierto y, aunque probablemente te resulte difícil de creer, leer mis libros publicados me ayudó muchísimo.

Quiero manifestarte que durante ese tiempo comprobé el increíble poder terapéutico que tiene el escribir. En esos duros meses escribí mi libro *Ya supéralo, te adaptas, te amargas o te vas*. En tus momentos de dolor no olvides escribir como terapia, no tiene que ser un libro, sólo escribe sobre lo que te duele, lo que cargas del pasado y te afecta en el presente y, sobre todo, lo que sugieres como estrategia de mejora. Estoy seguro de que no es nada nuevo para ti, ya que todos tenemos momentos buenos y no tan buenos, y es en estos últimos donde se pone a prueba nuestra templanza y fortaleza para dar lo mejor de nosotros, aunque estemos vacíos por dentro.

Quién iba a pensar que el actor y comediante estadounidense Robin Williams, ganador de un premio Oscar, cinco Globos de Oro, dos premios Emmy y tres premios Grammy, iba a quitarse la vida, víctima de alucinaciones y de una depresión tremenda. "Ya no soy yo, sólo quiero reiniciar mi cerebro", le confesaba a su esposa el hombre al que todos considerábamos uno de los mejores actores, comediante brillante y hombre de gran agilidad mental.

No sabemos qué es lo que pasa por la mente de la gente que amamos. Todos traemos al presente fantasmas del pasado, miedos por el futuro, imágenes que pueden estar distorsionadas con argumentos imaginarios, donde generalmente somos víctimas de las circunstancias.

Tengo que aceptar que el día que conocí el término de depresión sonriente, también llamada depresión atípica por la doctora Olivia Remes —experta en depresión y ansiedad de la Universidad de Cambridge—, recordé a varias personas con quienes he coincidido en la vida y la padecieron. Mi más fuerte declaración en este libro es que durante varios meses yo también la padecí.

Quienes la sufren enmascaran su estado de ánimo y, muchas veces, ni siquiera saben que están deprimidos. Hemos escuchado la frase: "Al mal tiempo, buena cara" pero, después de haberlo practicado una y otra vez por varios meses de crisis emocional, llego a la conclusión de que esa frase está incompleta.

"Al mal tiempo, expresa y trata tu sentir, para que puedas poner buena cara."

Cuando sufrimos una pena, no es saludable andar por la vida con cara de compungido, expresando nuestro dolor a cuanta persona se atraviese en nuestro camino.

Si el mal tiene remedio, pero no en ese momento, es necesario tener la esperanza de que pronto se solucionará. Si lo que nos entristece no tiene remedio, es fundamental procesar la pena, expresar nuestro sentir y buscar ayuda cuanto antes para aplicar la aceptación ante lo irremediable.

Tengo que afirmar que hay quienes la padecen sin motivo aparente; tienen casa, familia, trabajo y amigos, pero sienten esa tristeza constante que los lleva a tener una sonrisa permanente por el temor a ser juzgados sin razón. Tener que sonreír cuando tienes ganas de llorar, simular que todo está bien cuando sabes que no es así, aparentar que la vida es maravillosa o que así la deberías ver porque no tienes motivos suficientes para expresar lo contrario.

Cómo detectar la depresión sonriente:

1. Quienes la padecen se alegran mucho con alguna buena noticia, una visita que esperan, un momento de felicidad compartida, pero luego del acontecimiento tan feliz, la melancolía y la tristeza vuelven a hacer su aparición.
2. Se convierten en personas sumamente sensibles a la crítica o a la opinión de los demás.

177

Estar al pendiente de agradar a todo el mundo llega a ser contraproducente porque el desgaste que representa puede deteriorar sus relaciones personales o laborales.

3. Sensación de cansancio y pesadez que no se quita con las múltiples horas de sueño.

4. Puede haber aumento de apetito y por consecuencia aumento de peso.

5. Procuran tener una sonrisa en su rostro, muchas veces forzada. Lo más característico es su afán por querer convencer a los demás de lo felices que son y lo bien que va todo, cuando en el fondo de su corazón saben y perciben lo contrario.

Convivo con dos personas así. Una de ellas divorciada, que expresa una y otra vez la alegría que siente al ser "felizmente divorciada". Sin embargo, durante la plática expresa entre líneas el coraje que todavía siente por el padre de sus dos hijas, quien colabora muy poco con los gastos de manutención. "Pero ¿sabes qué, César? Él se lo pierde y yo soy tan feliz." Dice que no quiere una pareja porque así está muy feliz, pero cae en depresiones constantes cuando sale con un prospecto y no vuelve a buscarla; me imagino que es porque los marea con su plática constante de logros profesionales y lo feliz que es.

El otro caso que conozco es un excompañero de la facultad de medicina que, si llegases a quejarte por algo con él, su respuesta automática será que la vida es pura felicidad. "No te apures, ¡sé feliz! Sólo se vive una vez." Ese comentario, dicho con muy buena intención, puede caer como patada en el estómago si quien lo recibe está pasando por una crisis y no encuentra salida en el momento. Más interesantes son los comentarios de la esposa de mi compañero, quien afirma que la vida de ella y la de sus hijos sería más feliz si viviera todo lo que pregona con los demás. "Del dicho al hecho, hay mucho trecho."

Independientemente de los signos y síntomas que mencioné, **te quiero formular estas preguntas adicionales, basadas en lo que fue mi experiencia:**

- ¿Qué tan frecuente tienes que animarte para mejorar tu estado de ánimo?
- ¿Con qué frecuencia se presenta la melancolía por lo que pudo haber sido y no fue?
- ¿Con qué frecuencia te has detectado esforzándote por sonreír cuando en el fondo de tu corazón sabes que la tristeza te invade?
- Si se pudiera poner una calificación del 1 al 10 a tu nivel de felicidad durante el último mes, ¿cuál sería?

Acepto que los decretos pueden modificar nuestro estado de ánimo, pero nunca confundas lo que es aplicar un decreto o frase motivadora, con la necesidad de ser escuchado y, sobre todo, analiza la razón de la tristeza o el sufrimiento. "Échale ganas", nuevamente la frase que no sirve para nada y que escuchamos cuando, por alguna razón, expresamos nuestro sentir a quien no tiene ni la más mínima idea de qué contestar ante lo que nos sucede.

Echarle ganas no es suficiente cuando te has esmerado en enmascarar lo que sientes por temor a causar sufrimiento a quienes te rodean o por la creencia de que tu aflicción no tiene remedio. No puedo negar que poner una sonrisa en el rostro funciona para mejorar el estado de ánimo de manera temporal, pero nunca sustituirá la imperiosa necesidad de hacer frente al dolor, de buscar alternativas y soluciones.

Imposible dejar pasar por alto las grandes bondades que tienen los **primeros auxilios emocionales:**

1. **Toma tu responsabilidad.** Recuerda que en la mayoría de las situaciones que nos suceden algo tuvimos que ver, incidimos de alguna manera. El 80% de las circunstancias que vivimos tienen que ver con alguna decisión que previamente tomamos.

2. **Procura re-encuadrar el problema en cuestión.** ¿Qué es un re-encuadre? Tener y fomentar en ti la capacidad de ver el problema o la situación que vives y notar cómo afecta desde otros ángulos o perspectivas. Después implica centrarnos en la posición más significativa y que nos sea de mayor utilidad. Este re-encuadre

puede ayudarnos incluso a ver algo bueno en donde al principio veíamos sólo problemas.

Ejemplos que he vivido y con los que puedes identificarte:

- Si no hubiera terminado aquella relación, no hubiera podido conocer a quien es hoy la madre de mis hijos.
- Si no me hubieran despedido injustificadamente de la primera empresa de radio que me contrató en mi querido Monterrey, jamás hubiera visualizado la posibilidad de ser conductor de un programa internacional de radio en más de 150 estaciones de México, Estados Unidos y el Caribe. ¡Bendita despedida!

Claro que en el momento en que se vive no es fácil re-encuadrar el problema, pero te aseguro que si lo tienes en mente, automáticamente buscarás motivos para hacerlo. Re-encuadrar es recordar que todo, absolutamente todo tiene otros ángulos o puntos de vista que pueden ser, incluso, positivos. Y si me voy al extremo, agradezco la muerte repentina y sin dolor de mi madre. Siempre fue su voluntad partir así de este plano.

3. **Interrumpe tus pensamientos negativos.** No permitas que tu mente te domine con el libre tránsito de pensamientos repetitivos, pesimistas y negativos. De tanto pensar y revivir lo que

sucedió o lo que no ha sucedido empiezas una descarga de sustancias que incrementan tu estrés y ansiedad, lo que puede convertirse en algo crónico y habitual. Deja de rumiar los pensamientos que tanto daño te hacen utilizando la distracción, revirtiendo lo que no quieres que ocurra por lo que sí deseas que ocurra, ejercitando tu cuerpo o diciendo la palabra "alto" cuando te detectes en ese circuito sin fin de pensamientos destructivos.

4. **Enfócate en lo que sí puedes hacer, diferenciándolo de lo que no puedes influir.** Hay situaciones que sí podemos cambiar y otras que, por más que nos esforcemos, no dependen de nosotros. El tiempo, las circunstancias o las decisiones de otras personas serán los que influyan. La aceptación ante lo que es impredecible o imposible de cambiar será lo que nos traerá paz.

5. **Cuida tu amor propio.** "Nada ni nadie debe obstaculizar tu verdadero talento, que la adversidad no te haga dudar de lo que eres y lo que realmente vales." Frase matona en la que intento expresarte que, por más circunstancias difíciles a las que te enfrentes, siempre habrá una solución o resignación positiva. El tiempo siempre será un excelente aliado. No permitas jamás que la opinión de quienes no te conocen llegue a afectarte de tal modo que dudes de

tu gran corazón y tu capacidad de superarte. ¡Oídos sordos a palabras de gente necia!

6. **Todo tiene su significado.** Aunque no encontremos la razón aparente de por qué sucedió lo que tanto nos daña, al paso del tiempo encontraremos los *para qué* de cada vivencia. La vida es una escuela continua con obstáculos que superar; la constancia, la fortaleza y la fe juegan un papel fundamental en la superación de adversidades.

7. **Evita la lamentación constante y la culpabilidad.** Entre más te quejes, la vida te dará más motivos para seguir con tan lamentable hábito. Evita culparte una y otra vez por lo sucedido; recuerda lo que aprendiste y lo que estás dispuesto a cambiar después de esa lamentable experiencia. Culparte sólo sirve para disculparte, pedir perdón y aprender la lección.

Deseo que la depresión sonriente se aleje de ti aplicando las recomendaciones que te he compartido. Recuerda que todo, absolutamente todo pasa. Al transcurrir el tiempo entiendes que el cúmulo de lecciones aprendidas ha dado como resultado el maravilloso ser que actualmente eres.

11

Errores y aciertos cuando de ayudar se trata

"**¿P**or qué yo? ¿Por qué a mí? ¿Por qué me tuvo que suceder esto? Procuro ser una buena persona; procuro no dañar a nadie y ¡mira lo que me sucedió!" ¿Te suenan estas palabras? Las he escuchado muchas veces y yo mismo las he dicho. Las respuestas a esas preguntas me llegaron en una adversidad que quisiera no haber vivido. ¿Por qué no? ¿Por qué no a mí? ¿Soy inmune? ¿Soy intocable para los problemas? ¿Significaría que la vacuna contra las adversidades es llevar una vida en la que procuremos no dañar a nadie? ¡Pues no! ¡Bienvenido a la vida! Las crisis son parte de la existencia. Quien no haya tenido una crisis difícilmente tendrá la suficiente capacidad de consolar a alguien que sufre, y si logra hacerlo eficientemente, será por la excelente formación teórica que recibió.

Para entrar en el tema es fundamental que ante cualquier situación en la que alguien abra su corazón y decida contarte la crisis que está viviendo, evites frases como:

- "Es una prueba que te envía Dios."
- "Si te sucedió, es que tienes la fuerza para sobrellevarlo."
- "Como lo tienes todo tenías que sufrir por algo."
- "Eres una guerrera y vas a demostrarlo, por eso te enfermaste."

¡Esas frases en nada ayudan! Tan fácil que sería decir:

- "Lo siento mucho, ¡aquí estoy para ti!"
- "Dime qué puedo hacer para ayudarte; si está en mis posibilidades, ten por seguro que lo haré."
- "No, no sé por qué suceden estas cosas, pero te aseguro que al paso del tiempo nos daremos cuenta."
- "Tienes derecho a llorar todo lo que quieras y a echar madres, tienes derecho a enojarte, aquí estoy contigo."
- "No se tienen respuestas para todo, quisiera tenerlas, pero no lo sé; sin embargo, estoy aquí."

Si la persona es creyente y tú también, el apoyo espiritual siempre ayuda:

- "Te prometo que oraré contigo; ofrezco mi día por ti."
- "Pediré al grupo de oración que oremos por ti."

Si me lo permites, quisiera que hoy recuerdes, de todas las adversidades que has vivido, las tres crisis que consideras más grandes. Sé que no es fácil, para mí no lo es, he vivido muchas. He tenido momentos en los que he llegado a pensar que hasta ahí llegó mi vida o he sentido que nunca podré superar ese dolor; a veces he sentido que la vida no ha sido justa conmigo. Te pido que, antes de seguir leyendo pienses, escribas si así lo deseas, esas tres grandes crisis de tu vida.

¿Listo? Te puedo asegurar que algunos de esos problemas tuvieron que ver con dificultades interpersonales que incluyen malentendidos, traiciones, separaciones o violencia. Problemas en el trabajo, jefes desconsiderados, insatisfacción laboral, miedo a ser despedido, falta de trabajo. Miedos o ansiedades por causas conocidas o desconocidas, o la crisis de haber perdido a un ser querido por la muerte. Estos son los problemas que más nos agobian, que nos drenan energía, que nos hacen creer que no podremos con esa carga tan pesada.

Seguro también en algunos momentos de tu vida has sido el paño de lágrimas de quien vive algo similar. Recuerda las veces que alguien cercano te ha compartido sus crisis, cuando te cuenta "su experiencia" y "su versión de los hechos" que a veces disimulan con un "no pasa nada" o exageran con "esto es el fin de todo". Esas historias de crisis recargadas de emociones y pensamientos mágicos desgastantes sobre lo que aún no ocurre, pero que en su mente ya es una realidad. "¿Qué hago? ¿Qué le digo?"

Después de estar escuchando las palabras llenas de dolor de quien sufre, te quedas serio, ha llegado tu momento de intervenir. Tu interlocutor está esperando esas palabras que aminoren su pena. Entonces tú, con cara de desconcierto, te dispones a decir el consejo más increíble y jamás imaginado, el famosísimo: "No, pues... ¡échale ganas!" ¿¿¿Qué??? ¡¿Échale ganas?! ¿Cómo que échale ganas? O usas esta otra frase que para nada sirve: "¡Hay que salir adelante!" Estos dos últimos son los peores consejos que te recomiendo dar en ninguna circunstancia. Demuestran una total carencia de creatividad para consolar a quien sufre y hasta pueden ser muestra de indiferencia por el sufrimiento del otro o falta de empatía.

Recuerdo algo que me sucedió con una novia hace muchos años. Su mejor amiga estaba muy grave en el hospital por un coma diabético. Se manifestó una septicemia, esto es que padecía una descontrolada infección en su sangre, además de una insuficiencia respiratoria grave. El cuadro era sumamente crítico. Mi novia me pidió que la acompañara al hospital, el pronóstico que daban los médicos era muy poco favorable y se esperaba un desenlace fatal en las próximas horas. Siendo yo estudiante de medicina fuimos con la mejor intención.

Martha, la paciente, con oxígeno y algo inconsciente, aunque le costaba respirar, sonrió levemente cuando nos vio. Ante tal panorama mi novia y yo teníamos una intención genuina de decirle palabras de aliento.

—Martha, Martha, ¿me escuchas?

Martha volteó y con dificultad murmuró un "sí". Yo pensaba: "¿Qué le va a decir a su amiga en estos momentos tan críticos?"

—Martha, ¡échale ganas!

Y yo…. "*What?*" Martha se quitó la mascarilla de oxígeno con mucho esfuerzo y alcancé a escuchar que dijo:

—Amiga, ¿cómo le echo ganas?

¡Claro! Diría mi madre, doña Estela, que en paz descanse: "¡Estás viendo la tempestad y no te hincas!"

No sé quién inventó esa frase de Échale ganas, pero te puedo asegurar que es la forma más absurda de alentar a alguien. "¡Échale ganas!" ¿Muriéndose? "¡Hay que salir adelante!" Muchas gracias por decirme eso, es justamente lo que necesitaba escuchar en estos momentos tan críticos, saldré adelante… ¿Serías tan amable de decirme cómo salgo adelante en estas circunstancias?

No se trata de convertirte en consejero profesional o espiritual, ni mucho menos en coach o terapeuta, para todo eso se requieren estudios durante varios años y mucha experiencia atendiendo personas en situaciones de crisis y dificultades. Se trata de dar primeros auxilios emocionales como amigo, conocido o familiar de quien vive una adversidad.

Pero como ya estás en este capítulo del libro te aseguro que no caerás en los errores que todos hemos cometido cuando de consolar o ayudar se trata.

Ayudar a quien lo necesita

¡Ayuda, claro!, pero no olvides lo siguiente:

1. **Existen límites:** no podemos solucionar completamente la vida de los demás. Cada cabeza es un mundo y no siempre tus consejos serán oídos ni mucho menos puestos en práctica. Haz lo que puedas, siempre con la mejor intención. El increíble poder que tiene la intención positiva es una forma magnífica de colaborar. Es esa sensación que se percibe cuando sientes que quien está a tu lado viene con el corazón dispuesto a acompañarte; que probablemente no tiene las palabras adecuadas para consolarte, pero sientes su presencia sanadora que expresa con miradas, palabras, silencios y abrazos reconfortantes.

2. **Primero cuida de ti:** acuérdate de las indicaciones en los aviones en caso de emergencia, más si vas con un menor. Primero ponte tú la mascarilla de oxígeno y luego coloca la del menor. Si sientes que los problemas de la otra

persona te están rebasando o sientes que te están afectando de más, da un paso atrás. Claro que esto es sumamente difícil cuando se trata de un hijo, por ejemplo. ¿Qué no haríamos por ellos? Es muy difícil dejar de involucrarnos emocionalmente con lo que les sucede, deseamos que no sufran, aunque sabemos que el aprendizaje es parte de la vida y muchas veces los aprendizajes se disfrazan de crisis, pruebas o situaciones complejas.

3. **Date el permiso de no siempre saber qué decir:** pero sí de transmitir la emoción que se requiere en el momento; eso siempre es posible. No estamos obligados a tener una respuesta a todo lo que nos pregunte quien está en crisis, pero tu presencia y tu capacidad de escucha muchas veces es más que suficiente.

> Lo que deseo en este capítulo es recordarte que no sólo de buenas intenciones viven el hombre y la mujer; también de técnicas, palabras o procedimientos que puedan ser de utilidad para quienes deseamos ayudar en los diferentes conflictos que se presentan, ya sean laborales, de enfermedad, problemas familiares, de pareja, accidentes y demás.

A continuación comparto contigo las crisis más frecuentes a las que nos enfrentaremos y algunas rutas de consejo y acompañamiento que puedes dar cuando alguien cercano pasa por momentos complicados. Por supuesto que es imposible incluir todas, pero te aseguro que aquí encontrarás las más comunes.

¿Qué decir a quien sufre un conflicto relacionado con el trabajo?

Aclaremos que no existe el trabajo perfecto, siempre habrá algo que no nos guste, alguien que no nos caiga bien porque nos hace la vida imposible o porque simplemente nos amarga con su existencia y seríamos más felices si no estuviera. Los que llevamos un buen tiempo en el mundo laboral hemos padecido tanto el tener mucho trabajo como la incertidumbre de perderlo. Muchos hemos sufrido con un jefe insoportable o compañeros conflictivos.

Lo que te comparto a continuación te va a servir mucho para que veas la magnitud del problema. Estoy seguro de que algún día darás un buen consejo a partir de lo aprendido aquí o, ¿por qué no?, aplicarás en tu vida estas enseñanzas si te enfrentas a uno de estos conflictos.

Hay investigaciones que afirman que aproximadamente 80% de la gente trabaja en algo que no le gusta o no es lo que desea. ¡Imagínate lo que esto significa! Estamos rodeados de gente que vive en una continua insatisfacción y frustración por tener que levantarse todos los días a trabajar en algo que no le gusta o, incluso, le desespera.

Gente tóxica en tu trabajo

Siempre la habrá y es con la que, desafortunadamente, tienes que convivir e interactuar diariamente.

Pareciera ser algo sin importancia para quienes no lo han padecido, pero si lo analizas, te darás cuenta del impacto que tiene estar la mayor parte de tu día conviviendo con quien no deseas y sin hacer algo para evitarlo.

Si se trata de compañeros, evita sugerir:

- "¡Ponlos en su lugar! ¡Páralo en seco!" Esa no siempre es la mejor estrategia porque podrías entrar en el mismo juego de toxicidad del otro. ¿Dónde queda el diálogo?

A veces es mejor enfrentar a la persona con una pregunta poderosa como:

- "¿Dime qué puedo hacer para que tú y yo trabajemos mejor?" Tu sugerencia siempre será bien aceptada si buscas el diálogo conciliador.

Como segunda recomendación, en caso de que se haya intentado lo anterior y se haya tenido poco éxito, recuerda que no hay nada que le afecte más a un agresor verbal que tu indiferencia. Ignora los comentarios inapropiados, evita la confrontación y deja que el tiempo y la ley de causa y efecto hagan lo suyo. Sé que no siempre es fácil utilizar la indiferencia como estrategia, pero durante más de dos años la utilicé en mi práctica médica con dos personas a las que el término de médicos les quedaba bastante grande.

Eran dos tipos insoportables que, por estar en un nivel más alto, se encargaban de hacernos la vida imposible a dos compañeros de guardia y a mí. Nos pedían de forma déspota que les trajéramos refrescos con nuestro dinero o que limpiáramos su zona de trabajo. Gozaban evidenciándonos cuando no sabíamos algo y más disfrutaban irse a dormir y dejarnos la responsabilidad total de los pacientes en urgencias. Si por alguna razón teníamos que ir a despertarlos, nos amenazaban diciendo que más nos valía que fuera por algo realmente importante. ¡Imagínate! Estudiantes de quinto año de la carrera de medicina tomando responsabilidades de médicos graduados, especialistas en urgencias médicas. Hay momentos en la vida en los que la indiferencia y la capacidad de transmitir seguridad son fundamentales para subsistir o salir de situaciones complicadas.

Por supuesto que busqué el diálogo conciliador, pero no sirvió de nada. Busqué llegar a acuerdos, busqué encontrarles el lado bueno y siempre salían con su lado malo. También procuré utilizar el consejo de mi madre, el que comparto en el libro *El lado fácil de la gente difícil.* La mejor estrategia para sobrellevar a gente insoportable es recordar que es mejor encontrar árboles en el bosque, flores entre las espinas, cualidades entre los defectos. Mi madre decía que difícilmente alguien se resiste a seguir con una actitud negativa hacia ti cuando reconoces sus cualidades y se las dices. ¿Encontrarle cualidades a este par de alacranes? Un reto fuera del entendimiento humano. El ejercicio consiste en que, con la mayor humildad, busques esas cualidades que se supone todos tenemos. Así que, en el momento que consideraba prudente, les reconocía algo que admiraba en ellos.

¡Imagínate mi reto! Por cierto, sólo le encontré una o dos a cada uno, y a duras penas. Pero lo hice y quiero decirte que casi siempre funciona. Sólo que con ellos no fue así, eran de esos casos que son la excepción a la regla. Siguieron igual o peor, porque ahora se sentían admirados por uno de los pobres estudiantes de medicina que tan mal trataban.

En ese momento tuve que aplicar la indiferencia, recuerda que nada es para siempre. No me convenía convertir en enemigos a quienes traían el "sartén por el mango", a los que tenían el poder. Aguantar fue todo un reto, hacer como que no me importaba su déspota actitud lo fue más y, ahora que pasó el tiempo, me siento orgulloso de haber superado esa prueba. Comprobé el poder que puede tener la indiferencia cuando se aplica con buena intención.

¡Deja que el drenaje corra! ¡El agua estancada se apesta! ¡Que quienes deseen verte débil y sin fuerzas te vean fuerte, aunque sea necesario un esfuerzo extra! Y disfruta el instante en el que la vida te los vuelva a poner enfrente, te aseguro que será en otras circunstancias. La vida tiende a poner a cada quien en el lugar que merece. Yo reencontré a estos doctores en circunstancias adversas para ellos, de las que jamás me alegraré, y me sorprendió una vez más que la ley causa y efecto siempre se aplica con creces.

Aplica la indiferencia, pero siempre teniendo en la mira un mejor escenario para ti. Un lugar donde tu trabajo sea valorado y puedas aportar con gusto lo mejor de ti.

Jefe complicado

De nuevo comienzo con la sugerencia del diálogo conciliador, ir en busca de alternativas. Generalmente el conflicto de muchos jefes, supervisores, gerentes, directores y demás tiene que ver con los celos por ver a alguien más competente que ellos o alguien que no les cae bien. Recuerda la fábula del sapo que mató a la luciérnaga sólo porque su brillo le molestaba.

En estos casos hay dos caminos: declarar la guerra, en la que tú casi siempre perderás, o utilizar la técnica de las cualidades. Una de las que he recomendado, es de las más infalibles y ha funcionado en 80% de quienes la aplican. Por supuesto que no es fácil y se requiere mucha humildad con quien no la merece. A quien te pida consejo sobre este tema sugiérele que haga una lista de las cosas que no le agradan de su jefe o compañero de trabajo. Luego que escriba dos o tres cualidades que le reconozca. Una vez hecha esta lista, hay que encontrar el momento y las palabras adecuados para decirle sus cualidades sin necesidad de adular. Difícilmente alguien se resiste al agrado de saberse reconocido.

En caso de temor por la posibilidad de perder el trabajo, por favor, procura no decir lo siguiente:

- "¡Trabajos sobran! Renuncia y busca otro." (Sí ¡como no!)
- "Ve y exige tus derechos." (Se escucha muy bien, pero no siempre te dan esos derechos.)
- "Pues sí, ¡algo hiciste para que te quieran correr!" (Si lo hiciste o no, ya lo sabes, así que ya no le pongas más limón a la herida.)

Qué sí te recomiendo:

- "Si te van a despedir o no y no depende de ti, en este momento haz tu mejor esfuerzo, hazlo mejor que nunca. Así lo pensarán dos veces antes de prescindir de tus servicios."

- "Si es inminente tu despido piensa que hay situaciones en la vida en las que podemos influir y otras en las que no. Ve otras alternativas y cuando suceda cuéntale a tus conocidos para que puedan recomendarte u orientarte en la medida de sus posibilidades. Quizás hasta encuentras algo mucho mejor de lo que tienes ahora."

Cuando estás sin trabajo

- "No pierdas la esperanza. Tu trabajo actual es buscar trabajo (sin pago por el momento)." Ayuda en lo que puedas.

Claro que, si quien pide tu consejo está consciente de que es un flojonazo, conflictivo y demás, es el momento de que con sinceridad y empatía le digas que aprenda su lección y siga su camino.

Este año en que escribo mi décimo libro, la vida sigue dándome lecciones que siento que debo vivir para trascender. Hace varios meses me ofrecieron ser presentador de un programa de televisión que se transmitiría en Estados Unidos, México, Centro y Sudamérica. Hice el *casting*, afortunadamente fue del agrado de los productores y, después de meses de incertidumbre por no recibir noticias y detener mi agenda pensando en que muy pronto iniciaríamos grabaciones, recibí la llamada en la que me informaron que, por el momento, el programa sólo se transmitiría en un país de Sudamérica y que me querían ya en ese país. "¿Ya?" Como si me estuviera rascando los... los... tobillos todo el día. "¿Y Estados Unidos y el resto de los países?" "¡Ah! Eso sería otro proyecto posterior", me dijeron.

Me imagino que la gente que integra la producción creyó que no tenía nada que hacer, pero gracias a Dios ya tenía contratos firmados para conferencias en varias ciudades de México y Estados Unidos. Aun así, les ofrecí mis fechas disponibles, que eran dentro de dos meses. Por no dejarlo así pregunté por los honorarios. Al escuchar el monto que ofrecían pensé que era el pago por programa, pero no, era el pago mensual por 20 programas. *What?*

Fue uno de esos momentos en los que pones en la balanza si el trabajo vale lo que ofrecen o si mereces algo mejor. Por dignidad y amor propio dije: "Muchas gracias por su ofrecimiento, pero no." Amo la televisión, la radio, las intervenciones en redes sociales y demás, pero también me amo a mí y valoro mi tiempo. Habrá quienes digan que la proyección vale mucho y que el precio se paga. Y hay quienes dicen que estamos para vivir y trabajar; no para trabajar y, si queda tiempo, para vivir.

¿Qué decirle a quien sufre una enfermedad?

Qué momento tan difícil cuando alguien te confiesa que él o un ser querido padece una enfermedad. El expresarlo muestra que les duele física o emocionalmente. Las ganas de hacerlo sentir bien en ese momento nos llevan a decir cosas incorrectas. Afirmamos tajantemente que todo va a estar muy bien, incluso, que se va a curar. Pero ¿y si no se cura?

Dentro de la gran variedad de frases que te recomiendo evitar en este tipo de momentos difíciles están:

- "Es que no te cuidas." Por supuesto que quien padece la enfermedad sabe si se cuida o no, y considero que un regaño de esa magnitud no sirve para nada cuando de consolar se trata.
- "Pues sí, comes de todo. ¡Estás súper gorda!" Después de escuchar tu desatinado comentario te aseguro que, aparte de la enfermedad que padece, la dejaste con una autoestima por los suelos y una esperanza totalmente dispersa.
- "¡Claro! Por corajudo, por preocupón, por ansioso..." Te aseguro que con esa afirmación más preocupación, coraje y ansiedad generarás. Además de que el otro sentirá que fue una torpeza haberte compartido su vulnerabilidad.
- "Es una prueba que Dios te envía." Con el debido respeto que nos merecemos todos los que creemos en un Dios, no me lo imagino en su trono viendo a quién le envía pruebas.

Imagina la maléfica escena: "¡Déjame enviarle un accidente a Arturo que anda tan contento con su auto nuevo!" "¡Veamos cómo reacciona Sonia con el cáncer que le enviaré!" "¡Veamos si me tiene tanta fe la piadosa de Martha con la enfermedad que le enviaré para su hija!" ¿En serio? ¿Te imaginas un Dios así? ¿Potencias en un momento de crisis a un Dios que está enviando pruebas para ver cuánto aguantan los demás?

- "Te vas a curar, ¡ya verás! ¡Estoy seguro de que te vas a curar!" Damas y caballeros, con ustedes... ¡La psíquica! ¡Juana, la adivina! ¿De dónde sacas la seguridad para decir que se va a curar? Entiendo perfectamente la intención detrás de estas palabras, pero no es buen momento para tan fuerte aseveración. Vuelve a mi mente el mes de enero del 2022

cuando empecé con síntomas de Covid en Punta Arenas, Chile. Recuerda las palabras que te compartí en un capítulo anterior: mi amiga, con la mejor intención, me afirmó, casi me juró, que iba a salir negativo de la prueba e iba a disfrutar del crucero por los glaciares. "Es que eres tan bueno que nuestro Dios no va a permitir que salga positiva la prueba, ¡confía en Él y en lo que te digo!" Pues sí, confié en Dios y en lo que dijo, pero salí positivo. Cuando le llamé y le di la noticia, me dijo: "Bueno, es que Dios te está librando de algo terrible que te iba a pasar…" ¿Será que hay gente que tiene poderes sobrenaturales para recibir todas las respuestas de Dios? No creo.

- "Es que eres ejemplo de fe y te están probando." Esta en particular me encrespa. Y más les choca a quienes tienen hijos con condiciones especiales y les dicen cosas como: "Es que Dios te envió un angelito porque tú eres especial."

Ninguna de las anteriores frases reconforta, da esperanza ni fe. Sería mejor, después de escuchar con suma atención y con empatía, tal y como lo dijimos en el capítulo anterior, afirmar:

- "Lo siento mucho."
- "Estoy contigo."

- "Sería muy bueno pedir otra opinión (en caso necesario)."
- "Dime qué puedo hacer para ayudarte."
- "No, no sé por qué a ti, pero hagamos todo lo necesario para recuperar tu salud."
- "No tiene nada de malo llorar, es un sentimiento natural, llora conmigo."
- "Sé de alguien que tuvo lo mismo."
  Reitero, las comparaciones son odiosas, pero no siempre. Si ves que el pronóstico es favorable o conoces casos similares, siempre es reconfortante decirle que sabes de otra persona que lo vivió y lo superó.

Si además conoces alguna investigación o casos que afirman que se puede combatir o detener la enfermedad, envíasela. Si puedes recomendarla con alguien que la pueda ayudar, también se agradece.

En conclusión, nuestra misión es ayudar a no perder la esperanza. ¿Cuántos casos conoces de personas a quienes los médicos les dieron unos cuantos meses o semanas de vida y siguen vivos? Esa esperanza siempre ayuda.

Traición de amigos

¡Claro que la traición duele! Más si existe un vínculo genuino de amistad o hermandad. En estos casos es mejor no decir:

- "¡Por favor, amigos tienes muchos!" No sabes el nexo que los une y el valor tan grande que puede significar esa persona; decir "amigos tienes muchos" no reconforta a quien tiene claro el valor de la amistad.
- "Qué bueno que te diste cuenta ahora y no después." ¿Qué diferencia hay? El dolor es el mismo ahora, antes o después.
- "Di todo lo que sabes de él o de ella." ¿Entonces lo que recomiendas es el ojo por ojo, diente por diente? ¿Es el mejor consejo que puedes dar?

Yo te propongo que formules estas preguntas que podrán ayudar a discernir si en cada caso es muy importante o no arreglar la situación:

- "¿Sientes ganas de hablar con él para decirle lo mucho que te ha dolido esta situación? ¿Te haría sentir mejor?"
- "¿Crees que es buen momento para hacer una pausa en la amistad, dejar que los ánimos se calmen y aclararlo, si deseas, en un futuro?" Recuerda que el peor momento para arreglar una diferencia es cuando ambos están enojados.
- "¿Tu amigo se arrepiente de lo que hizo o dijo?"
- "¿Te arrepientes de lo que hiciste o dijiste?"
- "¿Estás dispuesto a perdonar o pedir perdón y que continúe la relación?" Sí: adelante. No:

tienes y tiene todo el derecho de utilizar el tercer tipo de perdón: te perdono, pero no te quiero cerca de mi vida (los otros dos tipos de perdón son: te perdono y te lo recordaré toda la vida, y te perdono y ayúdame a confiar nuevamente en ti).

- "Si fuiste tú quien se equivocó y la persona en cuestión no quiere volver a saber nada de ti aprende la lección y sigue tu camino."

Víctima de chismes

Si estás involucrado en un chisme o alguien te confiesa su pesar por padecerlo, enfrentar a quien crees que lo promueve puede ser muy delicado porque 99% de la gente lo niega.

—¡Ya supe lo que estás diciendo de mí!

—¿Yo? Jamás hablaría eso de ti.

Te voy a plantear tres escenarios, tú decide cuál crees que sería la forma más correcta u oportuna según tu caso.

El primero es la ley del hielo. En algunos casos esta estrategia es la adecuada, sobre todo cuando no vale la pena desgastarte y drenar la energía que puedes utilizar en cosas más importantes.

El segundo escenario es el que apliqué hace algunos años con una "amiga" que esparció un chisme de mi persona. Me la encontré y le dije:

—Norma —nombre ficticio— estoy seguro de que no serías capaz de hablar mal de mí.

—¡Por supuesto que no!

—¿Verdad que tú no dijiste esto y esto y esto?

—¿Yo? ¡Jamás lo haría!

—Sabía que era un chisme creado por alguien sin escrúpulos que desea vernos en conflicto y estaba seguro de que tú serías incapaz de hablar pestes de mi persona. Gracias por confirmármelo. Además, sé cuánto me quieres porque me lo dices seguido. Perdón por dudar de ti.

Esto es lo que comúnmente conocemos como "cachetada con guante blanco". Estoy seguro de que fue capaz de hablar mal de mí a mis espaldas; soy consciente de que no lo puedo evitar, pero en esta ocasión sí me dolió, se trataba de alguien que consideraba mi amiga y que constantemente me expresaba su supuesto cariño.

También puedes enfrentarla diciéndole todo lo que sientes con el afán de no permitir que te vuelvan a ofender. Utiliza frases como:

- "¡Ya sé lo que estás diciendo de mí!"
- "¡No puedo creer que me des puñaladas por la espalda!"
- "¡Cría cuervos y te sacarán los ojos!"
- "¡Eres una hipócrita!"

¿Cuál de estas tres reacciones crees que va más acorde a ti? ¿Cuál crees que dejará más aprendizaje? ¿En cuál de las tres reacciones quedarías con mejor imagen? La decisión es tuya y sé que controlar emociones es el reto más grande al que nos enfrentamos en las relaciones humanas. Sin embargo, sigo admirando a quienes logran controlarse en casos así. Se convierten en personas que demuestran un alto grado de madurez ante los agravios, lo que no es empresa fácil. Nunca olvides que todos tenemos momentos de locura en los que somos capaces de cometer los errores más grandes de nuestra vida y de los que después podemos arrepentirnos. Vienen a mi mente dos casos:

El actor Pablo Lyle que, en un momento de enojo desmedido tras un incidente de tránsito, golpeó en Miami a un ciudadano de origen cubano, lo dejó inconsciente y días después falleció en el hospital. Al momento en que escribo este libro, Pablo sigue en espera de juicio después de varios meses, porta un grillete en el tobillo que no le permite viajar y no ha vuelto a trabajar. Aún no se sabe el desenlace de esta pesadilla, resultado de un impulso que todos podríamos experimentar, pero del que raramente podemos medir las consecuencias.

El segundo caso es el de Will Smith, quien en plena ceremonia de los Oscar 2022, ante millones de personas que lo veían por televisión, golpeó al presentador Chris Rock por un pésimo comentario dirigido a su esposa Jada Pinkett Smith. Esta situación causó gran controversia, algunos defendieron la postura de Smith, mientras otros demostraban su repudio por su poco control de emociones.

Esos momentos de locura y otros que comparto en mis libros son los que debemos evitar a toda costa. En esos estados es casi imposible medir las consecuencias de nuestras acciones o palabras.

Continuando con el tema de los chismes, si una o varias personas desean quitarte o quitarle a alguien que quieres la energía, diciendo que se está hablando mal de ti o de él o ella, recuerda que la gente siempre tiene intenciones y no siempre son las mejores. Una intención puede hacerte sentir incómodo o inseguro; otra puede enemistarte con alguien por razones desconocidas y otra simplemente es para compartir contigo lo que están diciendo de ti. Puedes escuchar el chisme sin involucrarte de más ni darle mucha importancia. Si te nace desmentir, hazlo. Si quieres desmentir de manera elegante, recuerda mi frase matona: "El que tiene la razón no

tiene por qué enojarse. Que tu seguridad y auto-
control sean tu mejor estrategia."

Relaciones de pareja

Es necesario analizar si realmente lo más conveniente
es lo que nuestros padres y quienes nos educaron
nos enseñaron en la infancia. A veces es necesario
hacer nuestras propias deducciones sobre lo que
implica la vida en pareja. El culto al sacrificio, por
ejemplo, es cosa del pasado. Estar con quien no
amas porque no te queda de otra es un precio muy
alto de pagar.

En mi doctorado en psicoterapia he conocido cifras
críticas y actualmente vigentes que señalan que alrededor de 50% de las parejas se separa o divorcia y,
de ese porcentaje, sólo 50% se divorcia legalmente.
De 50% de las parejas que permanecen casadas, sólo
la mitad se siente realizada. La mayoría de ellas permanecen juntas por lealtad y obligación, por miedo
a quedarse solas o tener que volver a empezar.

**Los dos enemigos más grandes
para que el amor se extinga son:
la indiferencia (por cada acto de
indiferencia se pierde algo
de amor) y la decepción (cuando
te decepcionas se va perdiendo**

poco a poco el amor y sólo quedan escombros).

Es muy amplia la variedad de conflictos que pueden existir en pareja, por lo que voy a intentar hablar de los más comunes y enfatizar en lo que no es bueno hacer o decir. En otro capítulo de este libro ahondo más en el tema.

Primero te recuerdo que los problemas de pareja son de dos, así que si eres hijo o hija de una pareja en conflicto, es responsabilidad de tus padres arreglarse. Evita meterte, a menos de que esté en juego la integridad física de alguno de los dos. Evita tomar partido y procura pedirles que entre ellos arreglen sus diferencias. Tristemente conozco varios casos donde los hijos son utilizados como chantaje y las consecuencias son duraderas para todos.

Diferencias reconciliables

Mal carácter, indiferencia, poca atención a la pareja, entre otras. Ante esto fíjate qué no decir:

- "Dile que cambie." La gente difícilmente cambia. Probablemente no lo conocía lo suficiente.
- "Amenaza con dejarlo." Amenazar es un tipo de chantaje y no es recomendable.
- "No le hables." La ley del hielo es la estrategia más infantil y poco inteligente que existe.

Las cosas se hablan, se aclaran, se discuten y se llega a acuerdos.

Qué te recomiendo:

- El diálogo siempre será la mejor estrategia. Recuérdale todo lo que lo enamoró de ti.
- Reconoce cuáles son las cualidades que más admiras en él o en ella, así como lo que te gustaría que modificara; pero ojo, hazlo con una intención de (re)conciliación, no como reclamo. De preferencia prepara el ambiente para el diálogo: ir a un café, organizar una comida o cena en un restaurante o en tu casa, prepara el platillo que más le gusta y su bebida favorita. Espera el momento adecuado para decir, primero, todo lo que te gusta de su persona y, posteriormente, lo que te gustaría que modificara.

La pregunta que ha logrado salvar muchas relaciones es: "¿Dime qué puedo hacer para que tú y yo estemos mejor?"

Diferencias irreconciliables

Son todas aquellas actitudes y acciones que van en contra de tus valores, virtudes y principios, así como en contra de tu integridad física y emocional.

Qué no debes decir:

- "Esperemos que cambie."
- "Pídele a Dios un milagro."
- "Pues si ya sabes cómo es, ¿para qué lo haces enojar?"
- "Mejor aguántate, no digas nada."

Qué te sugiero:

- "¿En qué momento permitiste que esto iniciara?"
- "¿Te ves junto a una persona así en tu futuro?"
- "¿En serio crees que va a cambiar?"
- "¿Crees que esa persona merece tu presencia?"
- "¿Vale la pena que sigas soportando a alguien así por tus hijos?"
- "Definitivamente, la única persona que puede decidir si continuar o no eres tú."

Suegros metiches

Este es un problema más común de lo que creemos. Hijos que no han roto el cordón umbilical y siguen buscando la anuencia de mamá o papá en todo lo que les sucede y terminan ocasionando un conflicto de pareja que puede llegar a la separación.

Qué no te recomiendo:

Antes, te recuerdo que cuando te uniste a esa persona venía en un paquetito. Lo abriste y salió tu pareja acompañada de la mamá, el papá, la cuñada, los cuñados, los concuños y demás.

- "¡Pon en su lugar a esa señora metiche!" No olvides que esa señora metiche es la mamá de la persona con quien decidió compartir su vida. Siempre será su mamá por lo que no es recomendable usar esta expresión.
- "Prohíbele que vaya a tu casa." Eso es declarar la guerra de manera directa y lo más seguro es que resulte contraproducente, ya que, tarde o temprano, la pareja se lo echará en cara.
- "Deja de ir a su casa." En algunos momentos puede resultar positivo para hacer consciencia de la intromisión en sus vidas, pero si la suegra o suegro es metiche y le gusta el conflicto, esto puede ser otro detonante de pelea.

Qué te recomiendo:

- Siempre habla primero con tu pareja: "Mi amor, tú sabes cuánto te amo y todo lo que hemos logrado juntos. Siento que últimamente tu mamá (o papá o hermano, hermana) se han metido mucho en nuestra relación o en la forma en la que educamos a nuestros hijos. Por favor, habla con... (y dices el nombre de la persona es cuestión)." Le corresponde a la pareja hablar con su familia, siempre con la consigna de llegar a un acuerdo, aunque eso no siempre será fácil.

- Mención aparte merecen quienes viven en la casa de los suegros. ¡Por supuesto que se van a meter y si no lo han hecho es un milagro! ¡Estás en el territorio de ellos y obviamente sentirán la necesidad u obligación de opinar sobre lo que quieran! Si en común acuerdo decidieron vivir con uno de los suegros o con ambos, les corresponde a los hijos poner en claro los límites para una sana convivencia. Si la suegra es la que pasa la mayor parte del tiempo cuidando niños, obviamente tiene el derecho de meterse en la educación. ¡Tú le estás dando la responsabilidad, el poder y la autoridad para que lo haga!

Ruptura de relación

No digas esto:

- "Hombres o mujeres sobran. Mueve una piedra y salen diez." No sabes la intensidad del amor vivido.
- "No llores, no es para tanto." No le impidas que exprese su dolor y, además, sí es para tanto.

- "Mira, estaba bien feo y yo lo veía rarito." Nuevamente con el afán de consolar buscamos defectos para hacer sentir que no valía tanto la pena una relación así. El conflicto es que un gran porcentaje de las parejas que terminan, vuelven. Y ahora, ¿cómo vas a cambiar eso que dijiste? Este consejo es muy usado por las madres que quieren consolar a una hija que terminó su relación.
- "Es mejor que hayas terminado, cambiaste mucho desde que andabas con..." No es momento de decir eso. No consuela para nada y, además, le agregas más leña a la hoguera al criticar su forma de ser.
- "Mañana mismo te presento a alguien" o "Es momento de que le llames a aquel (o aquella) que siempre te ha buscado". Recuerda que tras una ruptura siempre es saludable un periodo de duelo y análisis.

Qué te recomiendo:

- "Me duele lo que estás viviendo." Claro que nos duele y más si se trata de un hijo o de nosotros. Nos duele verlos sufrir por alguien que probablemente ya tiene otra prioridad o que simplemente ha dejado de amar.
- "Claro que se vale llorar, lo amas mucho." Dejemos que exprese su dolor, que saque todo lo que tenga que sacar y, sobre todo, que evite

encapsular una emoción tan fuerte como la del duelo; al paso del tiempo esto puede cobrar factura presentándose como una enfermedad.

- "¿Las razones de su ruptura se pueden arreglar?" Pregunta esto sin necesidad de entrar en detalles, a veces lo que mueve la pregunta es el morbo en lugar de las ganas genuinas de ayudar. Recuerda que lo que es reconciliable para ti, no siempre es igual para otra persona, todo depende de nuestra escala de valores y principios.

- "A veces un poco de tiempo y distancia ayudan a poner en orden los pensamientos y las emociones." Así como decimos que el tiempo puede ser muy buen aliado para arreglar una situación, una solución podría ser dejar de ver indefinidamente a quien se amó tanto.

- "Imposible obligar a alguien a que te ame." Esta es la mejor frase que me ayudó en duelos de pareja. No puedo obligar a nadie a que sienta lo que yo siento. Aceptar lo que no podemos cambiar es necesario para sanar las heridas de una ruptura. No puedo obligar a nadie a que me ame; por más concentración y cambios que haga en mi forma de ser no puedo obligar a que alguien sienta la misma intensidad de amor que siento. *¡Ubicatex!* Amé mucho y no fui correspondido. ¡A lo que sigue!

Si escuchando detectas que no hay mucha posibilidad de reconciliación es buen momento para decir:

- "Vive tu duelo, llora lo que quieras llorar, pero recuerda que cuentas conmigo."
- "¿Qué te parece si, cuando sientas que es conveniente, hacemos una reunión con amigos?" Bendita distracción, una maravillosa forma de consolar será convivir con los amigos.
- "Te enviaré un mensaje o te llamaré todos los días durante este periodo de dolor; no me contestes si sientes que soy inoportuno." Por supuesto que todos necesitamos alejarnos y darnos un espacio, pero el acompañamiento es clave en este proceso.

Infidelidad

Lo que jamás se pregunta alguien que se considera víctima en una infidelidad es: "¿Qué hice o no hice yo para que esto sucediera?" Inmediatamente el ego sale a relucir porque nadie merece una traición, menos tú. Genera un gran dolor sentirse traicionado y engañado, eso complica la situación.

Lo que no hay que decir:

- "Te descuidaste mucho, ¡mira cómo te ves!" Ella o él lo sabe, o si eres tú quien lo vive lo sabes, no se lo tienes que decir y menos en el momento de dolor. Cada uno sabe qué tanto influye el físico en su relación y si pudo ser un factor que detonó la infidelidad.

- "Te cambió por alguien más joven." ¿Crees que decir eso ayuda? Echar limón a la herida con palabras así te convierte más en villano(a) que en un amigo(a).

- "¡Mándalo al diablo ahora mismo!" Estoy seguro de que nadie debe convertirse en promotor del resentimiento y, mucho menos, en juez implacable. ¿Cómo sabes si no quiere luchar por su relación?

- "¡Ve a buscar a la piruja esa y dile sus verdades!" ¡Por favor! ¿En serio? ¿Crees que vale tan poco tu amiga, amigo o tu hijo? ¡Hay niveles! Buscar a la persona con quien te traicionó o con quien traicionaron a la persona que deseas ayudar es contraproducente, sólo intensifica el dolor. Pero de esto conozco una excepción de la que me tocó ser testigo. Se trata de los casos en que quien traiciona es la hermana, el hermano, mejor amiga(o) o alguien muy allegado. Por supuesto que confrontarlo puede convertirse en parte de una catarsis para superar la pena, pero también a veces el silencio puede ser la peor tortura de quien defraudó tu confianza.

- "Búscate a alguien para que vea lo que se siente." ¿Nuevamente el ojo por ojo? Un clavo no saca a otro clavo.
- "Quítale a tus hijos." ¿Quién eres para dar tan terrible consejo? Si es buen padre no tiene por qué separarse de sus hijos, ni deben utilizarse los hijos como estrategia de castigo o venganza.
- "Si yo fuera tú no lo perdonaba; si te lo hizo una vez, te lo va a hacer dos." ¿Quién eres para dar ese consejo? Reitero, el proceso de perdón y el tipo de perdón a otorgar le corresponde a quien está sufriendo.

Qué te recomiendo:

- "Estoy contigo, me duele lo que estás viviendo." Esa empatía siempre consuela; saber que hay alguien dispuesto a escucharte sin juicios, sin reprimendas ni acusaciones.
- Si existe duda de la infidelidad, un buen consejo es: "No hagas suposiciones, procura comprobar lo que sospechas. Habla directamente con él y, si es posible, comprueba su respuesta."

A veces la persona que vive el proceso de infidelidad no sabe si perdonar y continuar, o terminar. Esa decisión sólo le corresponde a quien lo está viviendo. Desde fuera sólo podemos acompañar. No podemos intervenir porque solamente ellos conocen a fondo la historia y las razones que pudieron haber orillado a la pareja a buscar en otro lugar lo que tenía o no tenía en su relación. Sin embargo, al momento de perdonar hay algunos factores que se deben considerar; estas preguntas pueden ayudar a clarificar y tomar una decisión:

- ¿Fue infidelidad de una sola vez? Un borrachazo, un momento de desliz, un momento de locura en el cual se tomó una decisión errónea.
- ¿Existe un nexo importante con la persona con quien te fue infiel? Porque no es lo mismo ser infiel con alguien que no se conoce, a ser infiel con una amiga, amigo, conocido o familiar de la pareja.
- ¿Hay mucho que rescatar en esa relación o es la gota que derramó el vaso?
- ¿Detectas un firme arrepentimiento de sus actos y te lo demuestra?
- ¿Ves una verdadera disposición de cambiar y de recuperar tu confianza?
- ¿Niega rotundamente lo que evidentemente sucedió y adopta el rol de víctima?

Muerte de un ser querido

Dedico un capítulo completo a este tema. Es el trance más difícil al que nos enfrentamos. No podemos medir el nivel del duelo, ni compararlo con alguno que hayamos vivido anteriormente; cada uno vive su duelo a su manera, según la historia personal que lo unía con quien ya no está.

Te sugiero que adquieras mi seminario-taller "Aprende a sobrellevar los duelos y las pérdidas". Son cinco horas donde comparto técnicas y dinámicas que te ayudarán en este difícil proceso. También escribí hace algunos años el libro *Una buena forma para decir adiós*, allí comparto técnicas para sobrellevar la carga de diferentes tipos de duelo. Echarle ganas no es suficiente, por eso quiero compartir algunas frases que es bueno evitar y algunas que pueden ayudar.

Lo que no hay que decir:

- "No llores." ¿Cómo que no llores? Si las lágrimas por la tristeza fueran nocivas mi Dios no las hubiera puesto como desahogo ante el dolor. Claro que es saludable llorar y jamás prohibírselo a quien le nace hacerlo. Llora lo que tengas que llorar, deja que el cuerpo exprese con el llanto el dolor que sientes; posteriormente encuentra esa calma que llega después del desahogo.
- "Era tan bueno que Dios se lo llevó." ¿Qué? ¡Si era tan bueno que me lo deje a mí! Además, yo también soy bueno, ¿me va a llevar también?
- "Dios sabe lo que hace." Pues sí, pero eso de cierta forma es culpar a Dios. Cuando se

223

trata de una muerte espontánea, por supuesto que podría reconfortar, pero ante una pérdida por accidente imprudencial o por no tomar los cuidados necesarios para el control de una enfermedad, resulta fácil decir: "Dios sabe lo que hace." Como lo comparto en uno de mis libros, tuve la experiencia de ir a darle el pésame a la esposa de un conocido que murió al estrellar su automóvil contra un árbol, iba a exceso de velocidad y con altos niveles de alcohol en su cuerpo. Quien iba delante de mí para darle el pésame a la viuda dijo: "Resignación amiga, Dios sabe lo que hace." ¿Qué? ¿Dios lo hizo o él lo hizo?

- "¡Llora, Chuy! Llora, te vas a enfermar." No le exijas que llore para que no se enferme; esa terquedad de mucha gente de pedirle a alguien que llore, no sirve. Es la de la típica tía que se la pasa pidiendo a los hijos del difunto que lloren. Cada uno vive su duelo a su manera.

- "Sé cómo te sientes." No sabemos, una vez más, todos los duelos son diferentes.

Qué recomiendo:

- "Me puedo imaginar lo que estás sufriendo, estoy contigo."
- "Llorar es un desahogo, aquí estoy contigo."

- Abraza si es posible. Evita esa costumbre que mucha gente tiene al expresar un pésame: no abrazan, soban y soban y soban a la persona como si con tanta sobadera fueran a resucitar al muerto. Eso lo viví cuando murió mi madre. Había quien llegaba, me abrazaba y era una sobadera en la espalda que de pronto sentía incomodidad. Entiendo que se secreta oxitocina con los abrazos y caricias, pero no es necesario sobar tanto.
- "Vamos a bendecir el tiempo que lo tuviste contigo, más que el momento final." Enaltecer su vida y no enfocarnos sólo en la muerte.
- "¡Flores al cielo!" Reconforta recordar que existe el cielo (si se tiene esta creencia), que podemos enviar flores al cielo con tu risa, tus actos de bondad y haciendo lo que más le enorgullecía de ti. Amaba tu risa, ríe más siempre que te nazca. Amaba tu forma de tratar a los demás, procura seguirlo haciendo de buen modo. Le gustaba tu sentido del humor, explótalo más cuando sientas que es el momento.

Cuando un niño se enfrenta a la muerte de un ser querido

Qué no decir (por ningún motivo):

- "Dios se lo llevó porque era muy bueno." El niño entiende: ¿Dios mata a la gente que es buena?
- "Está dormido." El niño puede pensar: ¡Pues me quedo hasta que se despierte. ¡Que ni se les ocurra enterrar vivo a mi papá!
- "Se fue a un viaje muy largo, pero va a regresar." Entonces, ¿no le importo?, ¿prefiere irse de viaje que estar conmigo?
- "¿Ves aquella nube del cielo? Ahí está y te está viendo." ¿Y cuando no haya nubes? ¿O cuando caiga una tormenta? ¿Le dirás que está enojado?

Ninguna de las afirmaciones anteriores la inventé, las escuché en algunas etapas de mi vida. Iban dirigidas a niños que se enfrentaban al fallecimiento de un familiar; incluso, dos de esas frases me las dijeron cuando, a temprana edad, pregunté a dónde iba mi abuela muerta.

Agradezco a Perla de la Rosa, terapeuta especialista en el tema, que me compartió esta recomendación. A los niños es importante hablarles con claridad, pues su lenguaje es concreto. Puedes decirle: "Abuelita murió, eso significa que ya no podremos verla." También se recomienda explicarle al niño que no fue su culpa. El egocentrismo que caracteriza gran parte de la infancia les puede hacer sentir que todo lo que sucede a su alrededor, ya sea bueno o malo, puede ser su responsabilidad, por lo que hay que liberarlos de esa carga emocional.

Es decisión de los padres si dan alguna explicación religiosa, aunque, con los más pequeños, lo mejor es explicarles de la manera más concreta y específica sobre la realidad física de la muerte, pues todo lo toman literal. Se les puede decir, por ejemplo: "Su cuerpo dejó de funcionar." Tanto con niños como con adultos se recomienda hablar de que el amor perdura, trasciende, y que los momentos que vivieron juntos se quedarán para siempre.

La tanatóloga Gaby Pérez Islas sugiere nunca decirle que no llore, ni decirle que sabes cómo se siente. No lo sabemos. En esos momentos el niño puede sentir abandono, entonces es conveniente aclararle que todas sus necesidades estarán cubiertas y que tú estarás ahí para él. La conclusión es clara, no hay nada mejor que hablar con la verdad, sin que esto signifique encrudecerla. Utilizar un lenguaje amoroso y, sobre todo, empático.

En una conferencia que tomé sobre tanatología aprendí que los niños en edad preescolar pueden interpretar la muerte como algo temporal. Esta idea se ve reforzada en algunos dibujos animados en los que los personajes vuelven a la vida después de que les caen rocas inmensas encima.

Los niños en edad escolar entienden mejor el evento de la muerte. Reitero, la recomendación es hablarles claramente, sin palabras complicadas, tomarse el tiempo para aclarar las preguntas que tengan y, sobre todo, permitirles que expresen sus emociones.

Otras adversidades en las que puedes contribuir sin decir ¡échale ganas!

Accidentes

No digas:

- "Es que no te fijaste."
- "Fuiste muy distraído."
- "A mí me fue peor, ¡lo tuyo no es nada!" Probablemente consuele de manera parcial, pero en un momento de crisis, no.
- "No hubieras salido." El hubiera no existe.
- "¡Uf! ¡Qué triste! ¡El auto nuevo! ¡Fue mala suerte!"
- "¡Claro! ¡Por borracho!" No es el momento.

Qué recomiendo:

- "No fue tu culpa y si lo fue, los accidentes pasan; no chocaste deliberadamente o no tuviste la intención de que sucediera."
- "¡Gracias a Dios que no te sucedió nada ni a ti ni a nadie! ¡Aquí estás!" En el caso de que alguien saliera lesionado es fundamental que le ayudes a entender que no fue intencionalmente, no fue planeado ni deliberado, los accidentes pasan.
- Si fue responsable y culpable por lo sucedido, ya sea por distracción en el celular, alcohol y

demás, es necesario escucharlo, no llenarlo de recriminaciones. Decirle que es necesario aprender la lección, por más dolorosa que sea, y tomar acción para evitar que vuelva a suceder.

Abuso sexual

Sin lugar a dudas es un tema para todo un libro. Imposible hablar en tan poco espacio de todo lo que representa, sus causas, consecuencias, prevención y las múltipes variables sobre este doloroso tema. Sin embargo, el objetivo del libro, como te habrás dado cuenta, es aplicar primeros auxilios emocionales en momentos donde un "Échale ganas" jamás será suficiente.

La violencia sexual cambia la vida de la persona que la sufre y tarda en evidenciarse por la culpabilidad, el miedo y las amenazas que generalmente siente o le hacen sentir. En un día del niño, una mujer preguntó en un chat a sus amigas si les gustaría volver a la infancia. Todas dijeron que no. México es uno de los países en donde más se abusa de los menores. Esta triste situación pasa desapercibida en la mayoría de los casos, pues únicamente se denuncia 10% de los abusos y sólo en 1% se hace justicia. Según datos de la Organización Mundial de la Salud, la prevalencia mundial de victimización sexual en la niñez ocurre en alrededor de 27 de cada 100 niñas.

Se considera abuso infantil cuando hay un comportamiento sexual con o sin el consentimiento del niño o la niña. Es fundamental analizar las señales de alarma que indican que algo está sucediendo, como: cambios de carácter, falta de ánimo en actividades que normalmente le gustaban, cambios en su manera de comer, llanto frecuente, cambios en el sueño, pesadillas, infecciones, moretones, dolor en genitales y bajo rendimiento académico.

Ante la manifestación de abuso en cualquier edad no digas:

- "No creo que sea verdad, lo has de haber imaginado." Si el niño lo comparte, difícilmente puede ser una mentira. A una persona adulta hay que creerle hasta no demostrarse lo contrario.
- "Tú lo provocaste por andar vestida así. Por emborracharte, por ir sola." ¿Qué? El único culpable es el abusador.
- "¿Por qué esperaste tanto para hablar? ¡Qué casualidad que lo digas ahorita! Yo no te creo." La víctima habla cuando puede, no cuando quiere.

Qué recomiendo:

- "Te creo, valoro mucho tu confianza al hablarme de esto." De primera instancia, la empatía y la capacidad de escucha juegan un papel preponderante. Dejar que exprese lo que necesite y hacerle sentir acompañamiento.

- "No fue tu culpa." Es muy importante reafirmar esto con las palabras, ya que es muy frecuente que las víctimas de abuso se sientan culpables, aunque no lo son.
- "¿Qué deseas hacer?"
- "Estoy contigo y vamos a buscar ayuda profesional."

Violencia física y emocional

Qué no decir:

- "Enfréntalo y sé firme." Una persona violenta no va a detenerse ante ello, incluso un enfrentamiento puede ser detonante de una agresión mayor.
- "No puedo creerlo, si se ve que te quiere mucho." La violencia es punto y aparte, hay que creerle a la víctima de abuso físico o psicológico; no sabemos todo lo que pasó hasta que tuvo la fuerza para hablarlo.
- "No exageres ni seas dramática." ¿No exageres? Sólo quien lo vivió sabe el gran dolor que carga y lo mucho que necesita sentir apoyo. Lo que menos quiere escuchar es que está exagerando en algo y, mucho menos, que le pidan que no le dé importancia.

- "Tal vez tú lo provocaste por no hacer lo que te pide." Nada justifica una agresión, todos tienen el derecho a decidir sobre sus vidas y sus acciones.

Qué recomiendo:

- "Nada justifica una agresión." El agresor a veces suele hacer sentir culpable a la víctima diciéndole que la razón de su violencia viene de la desesperación que le causan sus comentarios o su presencia. Nada de esto es justificable.

- "No estás sola." Bendita frase que consuela un corazón lastimado; no estás sola como te lo han hecho creer tus agresores físicos y psicológicos.
- "Hay que buscar ayuda psicológica y legal." Lo más difícil de esto es que generalmente se pone como limitante el dinero, pero siempre está la alternativa de solicitar apoyo en asociaciones civiles de víctimas de violencia o en grupos de autoayuda.
- "Lo que estás viviendo no es normal y no hay que tolerarlo." Jamás normalizar la violencia. Por supuesto que no es normal y no tienes por qué seguir tolerando esos ataques. Abre tus ojos y permite que te ayuden a sobrellevar esta crisis que jamás debiste vivir.

Claro que hay más tipos de problemas, pero he querido compartirte los más comunes, los más frecuentes, a los que tarde o temprano te vas a enfrentar, ya sea porque los vivas en carne propia o le sucedan a alguien cercano a ti.

Deseo que estas sugerencias te ayuden a apoyar a quien lo necesite y que recuerdes que, de una u otra forma, todos somos responsables de ayudarnos en momentos de crisis. Tus palabras pueden reconfortar y abrir el camino a la liberación.

Durante los próximos días presta atención a los comentarios de aquellos que, directa o indirectamente, buscan ayuda en momentos en los que no saben qué hacer.

12

A Dios rogando y con el mazo dando

El título de este capítulo es un dicho utiliza-
do cuando deseamos algo con mucho fervor
y nos encomendamos a Dios, pero a la vez
hacemos todo lo que está en nuestras manos. No
debemos esperar a que la providencia divina haga
todo y que nos llegue el milagro sin esfuerzo. A veces, si bien nos encomendamos a quien todo lo
puede, no tomamos las riendas de nuestra vida.

Si leemos los milagros que hizo Jesús hace más de
dos mil años, veremos que siempre pedía la participación de quienes en ese momento estaban directamente involucrados. En las bodas de Caná pidió a
la gente presente que llenara seis tinajas de piedra
con agua, a cada una de las tinajas le cabían entre
68 y 102 litros, entonces convirtió el agua en vino.
Estoy seguro de que Jesús tenía el poder suficiente
para hacer el milagro sin la ayuda de nadie.

Cuando resucitó a su amigo Lázaro fue a la tumba
acompañado de Marta y María. En la tumba o cueva,
Jesús pidió a los presentes que quitaran la piedra
que cerraba el lugar. Él pudo haberla quitado, pero

decidió pedir el apoyo de los presentes. Asimismo, pidió a Lázaro que saliera y así fue. Lázaro venía con los pies atados con vendas y la cara envuelta con una tela. Nuevamente Jesús dijo: "Quítenle las vendas y dejen que se vaya." En todos los demás milagros sucedió lo mismo: pidió la participación de la gente. ¿Qué mensaje crees que nos deja? "¡A Dios rogando y con el mazo dando!"

Cuando tenemos problemas la tentación de inmiscuir a Dios en la causa de todas nuestras desgracias es enorme. Buscamos que sea esa misma fe la que le dé significado a todo el sufrimiento, incluyendo las consecuencias de nuestros actos, que difícilmente queremos aceptar, por lo que mejor decimos: "Fue la voluntad de Dios." Es más fácil decir que es parte de un plan divino, que enfrentar nuestra responsabilidad en los hechos.

No es mi afán deslindar a Dios de mi vida, mucho menos quitar el peso que tiene la fe en la solución de nuestros problemas. Pero sí evitar caer en la tentación de decir que todo lo que nos sucede es porque Dios así lo quiso.

Para este capítulo pedí la participación del padre Ricardo López Díaz, quien me ha ayudado en las certificaciones de *El arte de hablar en público* y en el seminario en línea *Gente que cambia vidas*.

Este capítulo contiene fuertes declaraciones que pueden afectar a quienes batallen para abrir su criterio. Así que, si eres sumamente crítico en todo lo que consideras que va en contra de tus creencias, o perteneces al grupo de la "vela perpetua" —dícese de gente sumamente piadosa, colmada de limitaciones porque todo lo consideran pecado— deja este capítulo y pasa al siguiente.

Creo que la aportación del padre Díaz en este tema es fundamental y estoy seguro de que te ayudará a encontrarle un verdadero significado a la fe. Tantas veces queremos aconsejar o consolar dando respuestas desde nuestra fe, pero, en lugar de orientar, confundimos; y en vez de consolar, indignamos.

En situaciones de la vida que nos rebasan buscamos respuestas, razones, explicaciones en la fe que, claro, pueden iluminar nuestro entendimiento y darnos esperanza en momentos difíciles, pero no todo puede tener una respuesta "lógica". Y como a Dios podemos hacerle decir lo que queramos, nos damos autoridad hablando en su nombre, pero en el fondo decimos lo que el otro quiere escuchar o le damos a nuestras ideas un carácter de dogma incuestionable.

Para dar consejos piadosos ya tenemos frases bien elaboradas:

- "Dios aprieta pero no ahorca."
- "Dios le da sus mejores batallas a sus mejores guerreros."
- "Dios dice: 'Ayúdate que yo te ayudaré'."
- "Los tiempos de Dios son perfectos."
- "Dios sabe por qué hace las cosas."
- "Uno propone y Dios dispone."
- "Dios necesitaba un angelito en el cielo."
- "Si quieres hacer reír a Dios cuéntale tus planes."
- "Dios da a manos llenas."
- "Dios no cumple caprichos, ni endereza jorobados."
- "Si Dios cierra una puerta, abre una ventana."
- "Dios perdona los pecados... ¡pero no las pendejadas!" Así lo dijo el padre Ricardo.

Quienes conocen el evangelio, o participan activamente en cultos, celebraciones o grupos de oración, pueden caer en cierto fanatismo que los lleva a actuar de determinada manera. Si a ti, como persona creyente, te toca ayudar a alguien, que tu fe se note más por tu disponibilidad para escuchar. Que sean más notorias tu comprensión, tu empatía y tu calidez humana que ponerte en el papel del salvador de almas, del que todo lo sabes, todo lo juzgas y para todo tienes respuesta, utilizando un lenguaje rimbombante y fanático.

Hay quienes son muy rigurosos y no te puedes abrir con ellos porque de todo "se rasgan las vestiduras" y sermonean. En este sentido recuerdo unas pláticas prematrimoniales a las que asistimos meses antes de nuestra boda mi entonces novia y yo. Las impartía un matrimonio que sentí, desde el principio, que había encontrado la fórmula perfecta para estar unido por muchos años y "soportar todo", palabras textuales, con tal de jamás divorciarse, porque eso implicaría estar en pecado.

Claro que la pareja tenía la buena intención de ayudar a quienes iniciábamos la aventura del matrimonio, con la emoción y el miedo que eso implica. Desde que mi novia de aquel entonces y yo llegamos nos hicieron sentir que todo lo sabían y nos veían como inexpertos a los que les sería difícil entender lo que significaba un matrimonio sólido. Hablaban con seguridad de que, a partir del matrimonio, nos olvidáramos de nosotros mismos para convertirnos los dos en uno solo. "Objeción", dije, "¿y nuestra individualidad?, ¿nuestros *hobbies* diferentes?" ¡No! Con una mirada inquisidora nos dijeron: "Desde que se consuma el vínculo sagrado del matrimonio dejas de ser César para ser Alma y César." ¡Zas, culebra!

Seguí intentando argumentar que en una relación hay tres espacios: mi espacio, tu espacio y nuestro espacio, pero parecía que le hablaba al aire. No tuve ninguna respuesta ni el apoyo o cuestionamiento de alguno de los futuros matrimonios presentes. Me imagino que no querían contradecir, pero sí recibir rápido el papel que necesitábamos para el trámite del matrimonio. Es la verdad, ni modo, a eso íbamos.

Vuelvo al tema con los comentarios del padre Ricardo. Hay quienes son demasiado dulzones y con un positivismo asfixiante. El típico que si te quejas de algo, te dice: "Ofréceselo a Dios" o "Recuerda que Jesucristo sufrió más", "Tienes que perdonar", "Tienes que ser bueno", "No debes ser egoísta." Con esto se genera no gente buena, sino más bien acomplejada, reprimida y traumada.

Se nos hace muy fácil hablar de la voluntad de Dios, pero ¿por qué atribuirla sólo a las cosas malas? Hay cosas que simplemente pasan, así, de forma ilógica y absurda, y es mejor no tratar de encontrarle

una explicación piadosa, más bien ayudemos a la persona a confiar en Dios y a encontrar en Él su fortaleza para salir adelante. Dar un significado espiritual a lo que pasa es una elección personal, no algo que imponemos.

Si encuentras a alguien indignado contra Dios después de una desgracia, no lo juzgues ni regañes, sé empático, pero ayúdale a razonar con objetividad. No des consejos desde la lógica del miedo. No emplees argumentos como: "Eso es pecado" o "Te vas a ir al infierno." Más bien apela al bien y a la verdad. "¿Por qué tengo que perdonar?" "Porque Dios nos perdonó primero y porque el perdón te hace bien a ti."

No des recetas fáciles como: "Haz más oración, prende tres veladoras y pídele a la virgencita." Tampoco que parezca que te los quitas de encima sólo diciendo: "Voy a rezar por ti." O el consejo que sirve para todo: "Ponte en manos de Dios." Frases así pueden hacerte ver irresponsable o superficial. Claro que no dudamos del poder de la oración, hay veces que, humanamente, no podemos hacer más. Pero que también se vea que el fruto de la oración es nuestra sincera solidaridad.

¿Así o más claro? Gracias, padre Ricardo López Díaz por su valiosa aportación y por la dosis de *ubicatex* que sus palabras traen.

13

La magia de simplificarnos las cosas

¡Pero qué afán de complicarnos la existencia! La vida da, la vida quita, la vida tiene carencias y tiene abundancias. ¿Todo tiene solución? No. No todo tiene solución y afirmar esto es la clave para continuar, recordar que hay cosas que se pueden mejorar y otras no, a lo que sigue y punto.

Nos complicamos la vida queriendo cambiar lo que no podemos y a quien no desea cambiar y en ese intento sufrimos. La vida es así y entre más pronto aprendamos la lección más evolución e iluminación tendremos. Yo nunca pierdo, yo gano o aprendo, ¿así o más claro?

Nunca hagas tantas cosas por alguien porque, al final, puede ser que ese alguien te diga que nunca te lo pidió. Ya lo viví, y eso por pensar, ególatramente, que sabía lo que necesitaban los demás. Quería ayudar sin que antes me lo pidieran.

Es increíble cómo nos complicamos la vida queriendo ayudar a quien no se deja o simplemente no acepta que le ayuden porque no quiere y desea solucionar todo por sus propios medios o, como dije en los capítulos iniciales, tomar el rol de víctima que deja grandes beneficios y atenciones de los demás.

Trabajamos por tener y tener y, al paso del tiempo, perdemos mucho por tener. Con esto no niego la importancia del vestido, la casa o el sustento. Por supuesto que lo material importa, pero, como sabes, existen estilos de vida que promueven que el dinero no importa, ¡por favor! A ver ¿sal de tu casa *en pelotas* en este momento? ¡Claro que importa la ropa, la casa, tener lo indispensable para recuperar la salud en caso necesario, pues deseas vivir mejor! Pero todo eso bajo la premisa de no olvidar disfrutar y valorar lo que se tiene por ir en busca desesperada de lo que falta. Es como la salud, no se valora con tanta intensidad hasta que se carece de ella.

He despertado mis sentidos para enfocarme en vivir lo que quiero que perdure en mi mente hasta donde sea posible, pero también estoy consciente de lo que no quiero dejar. **De entre la gran variedad de cosas que no quiero dejar cuando me vaya de este plano terrenal están las siguientes,** espero coincidas conmigo:

1. **Enemistades**
    Por supuesto que hay gente a la que le encanta el pleito, la discusión, el victimismo, la tragedia en todo y con todos. Lo ven en todos lados, en las series, en la televisión o en las redes sociales. ¿Qué necesidad de complicarte la vida

cuando puedes aclarar lo que sea necesario, aceptar el error y ofrecer una disculpa a tiempo? Méndigo ego que te puede gobernar de tal forma que te impide expresar un perdón a tiempo por creer que tienes la razón o por la falsa creencia de que equivocarte es signo de debilidad.

No pretendo ser un eslabón más del enojo, pero también estoy consciente de que hay quienes manifiestan su envidia y frustración con enojo y eso es prácticamente imposible de evitar. Prefiero tener la seguridad de que hice hasta lo imposible por evitar un enojo, que cargar con el yugo que representa tratar con personas que tienen diferencias conmigo. Recuerda la frase que evita muchos conflictos:

"Qué prefieres, ¿tener la razón o ser feliz?"

Puedo afirmar que la gente cambia, para bien o para mal. Alguien que conozco de hace muchos años, desafortunadamente, cambió para mal. La razón no la sé, pero con la formación que he adquirido en mis estudios en psicoterapia puedo afirmar que no ha hecho las paces con sus múltiples conflictos de la infancia. Ha emitido juicios terribles en contra de dos de sus mejores amigas, de varias compañeras y compañeros de trabajo, de varios proveedores de la construcción de su nueva casa, de dos de sus comadres y de su marido. Ha pasado periodos de silencios absurdos con una de sus tres hijas porque no es como ella dice que debe ser. Pleitos, juicios constantes contra gente a la que saluda con tanto gusto y a sus espaldas las destroza con su lengua viperina. La lista de personas que se han separado de ella continúa, aunque tengo tiempo en el que he procurado poner distancia de por medio, ya que he decidido estar más con quien me suma que con quien me resta, en las escuetas pláticas que tengo con ella me doy cuenta de que no acepta responsabilidad alguna por el distanciamiento con tanta gente: "¡Son ellas y ellos quienes están mal, quienes me han ofendido tanto, quienes no han sabido valorarme!"

En conferencias digo: "Camina como pato, tiene plumas de pato, patas de pato, pico de pato y hace *cuac cuac, ¿*qué es? ¡Un pato!" Si más de cinco personas allegadas a ti tienen problemas contigo, ¿quién es el del problema? Qué triste es dejar derramar tanta energía que pudiera ser utilizada de manera más positiva. Qué lamentable es ir dejando rastros de una vida llena de resentimientos y sembrar enemistades. Olvidamos que, al paso del tiempo, la justicia divina da a cada uno lo que se merece.

2. **Silencios en lugar de palabras**

Líbrame Dios de irme de este plano sin haber dicho cuánto amé; sin haber expresado un perdón a tiempo; sin haber dicho lo importante que eres, fuiste y serás siempre para mí. Le pido a mi Dios que me ayude a detectar a tiempo esos instantes en los que unas palabras pueden cambiar la realidad de alguien. Reconocer a quien hace el mejor esfuerzo y decir un "te quiero" al despedirme de quien probablemente no volveré a ver jamás.

¿Cuántas historias nos han contado o hemos vivido sobre no haber dicho lo que sentíamos en el momento indicado y que después no se pudo remediar? "Después le llamo." "Ya sabe que lo quiero." "Debería de decirle lo bien que trabaja." "Debería de ir a ver más seguido a mi papá." "Me dieron ganas de abrazarlo, pero no lo hice." Y ese "otro día" puede ser que nunca llegue; no tenemos asegurada la vida y creemos que siempre habrá un después.

3. **Mal ejemplo para quien soy un ejemplo**

Siempre habrá un par de ojos observándome y, probablemente, no sabré a ciencia cierta quién puede llegar a admirarme tanto que quisiera ser como yo. Deseo cuidar mis acciones por mí y las consecuencias que traerán, pero también deseo cuidarlas por el ejemplo que doy.

¿Qué hubiera hecho mi papá ante esta circunstancia? Esta pregunta me la formulé hace unos días cuando tenía que tomar una decisión seria que modificaría el futuro de mi trabajo. Medité e imaginé varios escenarios que viví con él. La respuesta llegó por el ejemplo que me dio durante los años que conviví con él. Te puedo asegurar que pude escuchar sus palabras al cuestionarme si ese programa de televisión que me ofrecieron conducir iba con mi misión de vida, si estaba o no en juego la imagen que he dado y si valía la pena dejar de hacer lo que tanto me apasiona en la actualidad. Me cuestiono si al paso del tiempo mi hijo o mi hija se preguntarán lo mismo. En caso de que así suceda procuro vivir lo que quiero dejar, evitando al máximo los momentos de los que pueda arrepentirme después.

4. Problemas financieros

Creo que ha sido una motivación grande en mi vida desde que empecé a ganar dinero. Recuerdo que la madre de mis hijos y yo hicimos un testamento al comprar nuestra primera pequeña casa de 80 metros cuadrados. Nos sentíamos tan afortunados de tener esa propiedad que la considerábamos nuestro tesoro y yo por ningún motivo quería dejar que un bien tan valioso fuera objeto de discordia.

¿Conoces familias enemistadas por pelear una casa paterna? Tengo un amigo muy cercano con un padre amante del trabajo, no precisamente por el fin de ganar dinero, sino por el placer de hacer lo que más le gusta. Como sucede en la mayoría de estos casos, el dinero llegó por añadidura. Su padre ha invertido en propiedades valuadas en varios millones de pesos, sin embargo, no tiene testamento, algunas de las propiedades no tienen escrituras o están en conflicto por diversos motivos. Cuando mi amigo le pregunta cuándo va a arreglar todo, él siempre contesta lo mismo: "En estos días." Lleva así varios años.

Estoy seguro de que, cuando el papá de mi amigo muera, será recordado por su pasión para trabajar arduamente y también por la infinidad de broncas que dejó y pudo haber evitado.

5. **No quiero ser recordado como insensible**
No me gusta hacer mal a nadie y, si por alguna razón lo hice, tengo la seguridad de que no fue con la intención de dañar y que siempre hubo un perdón ante el agravio. Ayudar en lo posible es una maravillosa virtud que he aprendido de mucha gente que admiro. En las cosas aparentemente simples se conocen los valores más sólidos. Tan fácil que es compartir con los demás cuando existe una mentalidad de abundancia y tan difícil que parece cuando existe una mentalidad de carencia.

Mi trabajador de la finca campestre, Ruperto, carga en su camioneta con un bulto de croquetas para darle de comer a los perros callejeros que encuentra todos los días en su camino. Además de haber crecido en un hogar con múltiples carencias, pero con un gran amor al trabajo, él es un hombre sumamente generoso con personas de su comunidad que carecen de lo indispensable para vivir.

Eso lo aprendí de mi papá al llevarnos cada temporada navideña a repartir despensas y cobertores a comunidades rurales alejadas de la gran ciudad. Lo aprendí de mi mamá que, cuando alguien tocaba a la puerta de la casa para pedir algo de comer, nos tenía prohibidísimo decir que viniera después. Había que dar lo que fuera, pero era imposible decir que no había algo para compartir. Sé que esto puede ser motivo de crítica, algunos se aprovechan de la buena fe de otros y se convierten en pedigüeños profesionales, por no trabajar viven de los demás. Ante esa situación me guío por mi corazón y, si por alguna razón están abusando de la generosidad de quienes caemos en su trampa, sé que mi intención y la de quienes somos así es lo que realmente importa, ellos ya tendrán que rendir cuentas ante la justicia divina.

Puedo decir que amo llevar mi vida con el valor de la generosidad y puedo gritar a todo pulmón que mi Dios no se deja ganar en generosidad. Entre más compartes, Él te lo devuelve de maneras diversas, como hacerte fuerte en los momentos de más dolor.

Pudiendo hacer más llevadera tu propia vida y la vida de quienes te rodean, nos complicamos con suposiciones absurdas, con comentarios sarcásticos y dolorosos en contra de quien no piensa igual. Herimos verbalmente por falta de asertividad, lo que evitaría muchos conflictos, y ocultamos nuestros múltiples defectos y traumas no resueltos juzgando duramente la vida de los demás.

¿Sería una experiencia grata si pudieras vivir con alguien como tú o sería un verdadero suplicio aguantarte? Analiza por unos segundos la pregunta que te acabo de formular. Ahora pregúntate si a la gente que te rodea le es fácil convivir contigo por tu forma de ser. ¿Le caes bien a la gente? Por supuesto que no falta quien diga que no tienes por qué caerle bien a todo el mundo. La bronca es cuando no le caes bien a la mayoría. La mala noticia para quien dice esto es que somos seres sociables y, tarde o temprano, necesitaremos del apoyo de los demás.

Dentro de la gran variedad de **aspectos que tiene la gente agradable** quiero compartir cinco que tú puedes adoptar y transmitir:

1. **Ser amable.** Haces de la amabilidad un estilo de vida en el que irremediablemente te con-

viertes en un imán humano que atrae miradas y, sobre todo, ganas de conocerte y de tratarte.

No creo que sea muy complicado ir manejando y ceder el paso de buena gana o agregar una sonrisa al decir gracias. Yo desde hace un tiempo practico esto al inicio del día, digo: "Hoy voy a ayudar en lo posible al menos a dos personas." Enseguida detecto a quienes la vida me permite ayudar y cumplir con la misión decretada al inicio del día. Aquí me refiero a cosas simples como abrir una puerta y detenerla para que quien viene atrás pase, ayudar a recoger algo que se le cayó a alguien, dar una buena propina a quien mi voz interior me dicta, decir o enviar un mensaje de ánimo a quien sufre, entre otras acciones.

Nunca sabrás el impacto de tus palabras y tus actos para bien y para mal y, tristemente, hay quienes olvidan que a la gente se le conoce por sus palabras, por sus acciones, pero más por sus reacciones, muchas veces absurdas, sin pensar ni medir consecuencias.

Tuve un maestro en la secundaria que, cuando veía que alguien discutía agresivamente y sin fundamento, decía: "Oye, primero averigua y luego rebuzna." Hay quien se la pasa "rebuznando" idioteces y lo peor del caso es que, después de darles múltiples argumentos, siguen creyendo que están en lo correcto. ¡Pobres!

Durante gran parte de mi vida traté con alguien así. Fue perdiendo su corazón amable, su sonrisa sincera y su risa contagiosa; los cambió por un carácter lleno de amargura que le transformó su rostro. Tal y como lo expreso en la frase que te compartí, a la gente se le conoce por sus palabras, sus acciones y sus reacciones. Las reacciones de mi amigo eran abruptas, decía sin pensar lo que sentía, sin filtros ni limitaciones y, para colmo, dejando huellas imborrables no sólo en el recuerdo de quien ofendía, sino en el registro de las notas de voz que dejó en el

WhatsApp de muchas personas y que, al paso del tiempo, pueden ser evidencia de la calidad de persona en la que se convirtió.

Qué afán de complicarse la existencia, tan fácil que sería tomar un tiempo fuera para pensar las cosas y expresar de la manera menos agresiva y más amable lo que se siente. La amabilidad abre puertas y corazones. No lo olvides.

2. **Escuchar con todos los sentidos.** En otro capítulo ya hablé de la importancia de la escucha activa. Escuchar con el afán de entender y sentir. Escuchas con los oídos y con todo el cuerpo. Recuerda que cuando existe un diálogo se generan dos voces: la voz que habla en el momento correcto y de la manera correcta, y la voz que juzga o va agregando palabras al final de las ideas de quien habla.

3. **No juzgar.** A menos que seas juez en un juzgado. "Pero ¿cómo se te ocurrió semejante estupidez?" "¿Por qué hiciste eso?" La verdad es que muchas veces no sabes por qué haces ciertas cosas, menos cuando todavía eres menor de edad, ya que el lóbulo prefrontal del cerebro —el encargado de medir los riesgos de nuestras acciones y palabras— termina de madurar después de los 21 años. Claro que esto no es una justificación, pero muchos adolescentes

y jóvenes realmente no saben lo que quieren ni lo que hacen.

A veces emitimos juicios como si fuéramos inmunes a equivocarnos, como si no tuviéramos familiares que pueden vivir circunstancias similares a las que rechazamos o como si nuestro juicio fuera a cambiar al otro. Un juicio es una forma de quejarse ante un hecho y se puede convertir en crítica o chisme. Recuerda: quien trae juicios y chismes siempre lo hará. ¿Qué te hace creer que quien habla mal de los demás no habla mal de ti?

4. **Comprender.** Sabes dónde y con quién estás. Eres consciente de las limitaciones que tienen los demás y evitas evidenciar la poca capacidad de otros. Evitas presumir tus múltiples conocimientos y alardear tus incontables logros y cualidades. Quien comprende y cae bien no necesita ser el centro de atención y hace lo posible por reconocer las cualidades de los demás y expresarlo en el momento preciso.

5. **Adaptarse.** Bendita capacidad de aceptar lo que no podemos cambiar. Simplifica tu vida sembrando lo que desees cosechar en el futuro, tratando a la gente como te gustaría ser tratado y siendo congruente entre lo que piensas, dices y haces. No te compliques la existencia queriendo imponer tu voluntad, buscando que

la gente sea como tú quieres. Procura ir por la vida adaptándote ante lo que no puedas cambiar en ese momento y generando la fortaleza para sobrellevar y modificar lo que sí puedes.

Recuerda: no nos llevaremos nada de este mundo, sólo experiencias y, entre más positivas sean, ¡mejor!

14

¿Échale ganas? La neurociencia te dice por qué no funciona

¿Por qué a nuestro cerebro le cuesta tanto modificar hábitos?

Cuando le solicité al doctor en Neurociencias y posdoctorado en Fisiología Cerebral en la Univesidad de Pittsburgh, Eduardo Calixto, darme una explicación sobre el porqué la expresión "echarle ganas" no es suficiente, aceptó inmediatamente compartir sus ideas al respecto desde ese gran espíritu de servicio que le caracteriza. El doctor Calixto es autor de cuatro *best sellers* que te recomiendo ampliamente: *NeuroTuits, Un clavado a tu cerebro, Amor y desamor en el cerebro* y *El perfecto cerebro imperfecto*. Eduardo no dudó ni un minuto en darme su opinión con relación a la frase "Échale ganas". Y no sólo eso, sino que, con toda su experiencia, me dijo claramente por qué al cerebro le cuesta tanto modificar cualquier tipo de hábito. Te garantizo que este capítulo te ayudará a comprender la magnitud de querer ayudarte a ti o alguien importante en tu vida. Te aseguro que te vas a sorprender con la valiosa información que el doctor Calixto me permitió compartir en este libro.

Estoy seguro de que varios estarán de acuerdo conmigo en que modificar un hábito es complicado, más cuando llevamos años practicándolo. Lo que muchos no han de saber es que el culpable es nuestro cerebro.

El doctor Eduardo Calixto escribió hace poco un artículo en el que compartía algunos datos y aspectos fisiológicos del cerebro que me confirmaron que de nada sirve decirle a una persona "Échale ganas". Por ejemplo, el cerebro humano adulto cuenta con 86 mil millones de neuronas, pesa 2% de nuestro peso corporal, consume 25% de nuestra energía y 30% de nuestro oxígeno. Como te podrás dar cuenta, gran parte de los recursos de nuestro cuerpo son destinados a mantener funcionando nuestro cerebro. El cerebro tiene la capacidad de realizar 48 pensamientos por minuto, lo que equivale a 2 880 pensamientos por hora. Además, nuestro cerebro puede tomar hasta 2 160 decisiones al día.

Para que puedas crear o modificar un hábito se necesita que repitas el comportamiento deseado por al menos 28 días. ¿Por qué? No es un número arbitrario, este número es el que los estudios han determinado que requiere el cerebro para crear o modificar las redes neuronales que guían nuestro comportamiento. Por ejemplo, tu rutina diaria al levantarte, por lo general, es la misma y la haces casi sin pensarla, de manera automática. Tu cerebro sabe exactamente qué haces cada mañana al despertar y al tenerlo automatizado puede pensar en otras cosas mientras realiza sus actividades automáticas. Mientras nos cepillamos los dientes podemos pensar lo que haremos en el día, algún pendiente de la jornada anterior, la película que queremos ver en la noche, los pagos pendientes, etcétera. Todo esto lo piensas al mismo tiempo que te bañas o te lavas los dientes. Es tal el nivel de automatización que en ocasiones hasta puedes olvidar si te pusiste desodorante o shampoo.

En cambio, cuando estás de viaje, por ejemplo, y vas a hacer tu rutina mañanera en un hotel o en un lugar que no conoces, no tienes esa libertad de pensamiento, ¿verdad? Tienes que buscar dónde está el shampoo, el jabón o las toallas. En esos casos tienes que estar concentrado en la actividad que estás realizando y se reduce mucho el espacio para pensar en otros temas.

Cambiar de actitud implica un proceso cerebral que necesita tiempo

Cuando enfrentamos grandes amenazas o terribles noticias, nuestro cuerpo reacciona. En la mayoría de las personas los síntomas o reacciones corporales son similares. Seguro te ha pasado que te dan una mala noticia y en ese momento empiezas a sentir fatiga, o dolor de cabeza, gastritis, colitis, insomnio, se te va el sueño, etcétera. Hay un sinfín de síntomas que empiezas a experimentar en tu cuerpo. Aparte de los síntomas físicos, otra de las cosas que experimentamos, justo después de ser testigos de algún evento muy impactante, son los sentimientos negativos. Por ejemplo, escuchas que asaltaron a una persona en su casa, en ese momento empiezas a pensar que tú puedes ser el siguiente y corres a checar que estén cerradas las puertas y las ventanas.

Otra de las consecuencias es que, debido al estado de alerta en el que pusimos a nuestro cerebro, vamos a tener un incremento en nuestra irritabilidad de tal forma que, podremos enojarnos por cosas que jamás nos han molestado o, simplemente, tener un sentimiento de molestia, que ni tú sabes a qué se debe. Esto es la consecuencia de una modificación en los neurotransmisores (sustancias químicas que comunican a las neuronas) que hacen que el cerebro modifique nuestra manera de ver la vida.

Las emociones tienen el efecto de incrementar la memoria pero, al mismo tiempo y de manera proporcional, reducen la lógica, la congruencia y la objetividad. Ahora, ¿tú crees que decirle "Échale ganas" a una persona que tiene hábitos negativos va a generar alguna diferencia? ¡Claro que no! Para que una persona pueda cambiar necesita generar nuevos patrones a partir de la repetición.

Cambios generales de la emoción ante un gran problema

Todas nuestras respuestas emocionales están constituidas por tres factores de interacción entre nuestro cuerpo y nuestro cerebro: factor anatómico, factor fisiológico y factor hormonal.

El **factor anatómico** es el que describe cómo el cerebro evalúa, en conjunto con diversas áreas de nuestro cuerpo, qué es lo que se tiene que hacer. Por esta razón, cuando tenemos una situación inesperada, sorpresiva, de miedo o de angustia, se pueden incrementar significativamente los movimientos de nuestras manos y piernas, la fuerza muscular disminuye, por lo que los movimientos de nuestras extremidades pueden volverse o muy rápidos o torpes.

El **factor fisiológico** es aquel que se genera cuando algo nos causa incertidumbre, malestar o tensión psicológica. Se genera en diversas áreas del cerebro que se sobre-activan de manera involuntaria, es decir, no obedecen a nuestro razonamiento. Este factor hace referencia a las funciones cerebrales que llevan el control de:

- La frecuencia con la que respiramos.
- Nuestra temperatura.
- El proceso de sudoración.
- La modulación de la frecuencia con la que late nuestro corazón.

- Los cambios en el tono vascular de las arterias.
- Los cambios de la presión arterial.
- Modificaciones en el movimiento del tubo digestivo.
- La filtración renal.
- La tensión muscular.

Cuando escuchamos la frase "Échale ganas", según nuestro estado de ánimo, esta puede ayudarnos, a partir de la incrementación de hormonas y neuroquímicos, a sentirnos alegres y motivados o, por el contrario, puede generarnos tristeza y frustración. Estas dos perspectivas son posibles porque se activan los procesos fisiológicos en el cerebro que hacen que la congruencia y la lógica disminuyan.

Por esta razón, en lugar de decir el típico "Échale ganas", te recomiendo que ayudes al otro a pensar en cómo puede superar ese acontecimiento. Que se plantee un objetivo, que haga un plan y que quede clara la forma de evaluar el avance. De esta manera las neuronas de varias áreas del cerebro se van conectando, cambian la manera de activarse, reducen la percepción del castigo o la vergüenza y generan conexiones que le ayudan a optimizar su decisión y reducir los tiempos de espera.

El **factor hormonal** es el que genera cambios en la liberación y vida útil de varias sustancias químicas sintetizadas por glándulas y liberadas a la sangre, cuya función es activar a los órganos y, en consecuencia, modificar a corto y mediano plazo el metabolismo, promoviendo el incremento de glucosa o nutrientes como respuesta ante un problema o intimidación. Esto genera que cambie el flujo de sangre hacia los músculos, el hígado, los riñones, pero principalmente el cerebro.

Este factor hormonal es el responsable de que, ante una amenaza, nuestro cuerpo genere las reacciones necesarias para tratar de resolver la situación o adaptarse. A su vez, estas reacciones van sometiendo a la persona a un estrés constante que puede generar cansancio crónico y la disminución de la capacidad inmunológica que, al mismo tiempo, son las causantes de malestares como estreñimiento, colitis, dolor abdominal, nerviosismo, cambios en el apetito y la aparición de los trastornos del sueño. Entre las sustancias que se secretan se encuentran el famoso cortisol, la adrenalina, la dopamina, las endorfinas, la oxitocina, la vasopresina y los factores de crecimiento neuronal, como el BDNF.

El estrés y el miedo no son los mismos cuando se viven en soledad que si se experimentan acompañados

Es un hecho que el estrés provoca cambios funcionales en los circuitos y conexiones neuronales de nuestro cerebro. Pero también los estados de incertidumbre o miedo pueden transmitirse a quienes nos rodean. Si hiciéramos un estudio de resonancia magnética veríamos que las neuronas del hipotálamo y la amígdala cerebral se sobre-activan para ambos individuos: quien tiene el problema y el que detecta el estrés. Por lo que debemos ser muy conscientes de esta realidad. Así como se puede tranquilizar a alguien transmitiéndole un estado emocional de paz y serenidad, quienes tienen altos niveles de estrés o acaban de vivir una experiencia traumática, pueden transmitir esa emoción a otras. Se puede incluso llegar a causar el síndrome postraumático en quien escucha el relato trágico que otro ha vivido.

El cortisol, que es la hormona que secretamos en respuesta al estrés, genera cambios neuronales a largo plazo, por lo tanto, si alguien nos pide "echarle ganas" en esta etapa, esa petición se puede convertir en el generador de emociones negativas, en lugar de una ayuda para salir adelante.

La frase "Échale ganas" no te lleva a que identifiques la emoción que te causó que te sintieras así, pero sí te genera frustración, porque por más ganas que le eches seguirás sintiendo esa emoción si no sabes qué la causa.

Si realmente quieres ayudar a alguien, no le digas "Échale ganas", mejor ayúdalo a:

- Reconocer la emoción que está sintiendo.
- Identificar qué lo puso así.
- Decidir qué quiere hacer inmediatamente.
- Ver opciones para intentar solucionar su problema.

Es muy importante dejar de hablar del problema, no tratar de darle explicaciones sin fundamento y no confrontar a la persona, porque esto incrementaría más el cortisol y la noradrenalina en su cerebro. Lo que sí debes hacer es escucharlo, ser empático y comprensivo, esto lo ayudará a liberar oxitocina. Esta hormona provoca sentimientos de satisfacción, calma y seguridad, por lo que es una gran aliada para intentar que la persona se tranquilice y que, eventualmente, se sienta mejor.

¿Por qué cuando le pides cambiar su forma de ser no le resulta fácil? El cerebro trabaja así

Tener emociones fuertes y sorpresivas, si bien agudiza nuestros sentidos, también disminuye nuestra capacidad para razonar, ya que nuestro cerebro nos está orillando a tomar una decisión rápida para evitar el peligro. Durante un problema serio o en decisiones arriesgadas, el cerebro nos hará obsesionarnos por buscar una solución, una salida o una explicación, pues sabe que es la única manera de hacernos sentir mejor. Este estado nos cansa, nos desensibiliza y gradualmente nos puede hacer hostiles. Cuando alguien está en ese estado definitivamente no es el mejor momento para decir "Échale ganas".

¿Cómo se genera una emoción en nuestro cerebro?

Nuestro cerebro cuenta con estructuras especializadas para detectar señales de peligro. Estas estructuras son las amígdalas cerebrales que están en cada hemisferio del cerebro. Cuando se activa la amígdala, principalmente la derecha, cambiará la frecuencia respiratoria, aumentará la actividad cardiovascular y, a su vez, se detonará el interruptor neuronal para incrementar la actividad metabólica del cuerpo. Este mecanismo es el que genera las emociones.

Cuando este proceso se detona es muy probable que durante los siguientes 30 minutos en promedio:

- No seamos objetivos.
- Realicemos procesos obsesivos.
- Nuestros sesgos nos hagan pensar solamente en lo que queremos.

- Veremos las cosas a nuestra conveniencia.
- Nos sobreprotegemos e irritamos.

Por otra parte, no todo es negativo. En este proceso se agudizan nuestros sentidos para poner mayor atención a los detalles y mejorar nuestra memoria. Esta fracción de tiempo es el peor momento para pedir una explicación o tratar de dar argumentos. La emoción nos atrapa y la congruencia se borra, se pierde la lógica y, por lo tanto, tendemos a magnificar el problema. Es aquí cuando un "Échale ganas" puede llegar a detonar enojo, pues nuestro cuerpo no lo detecta de la misma forma que cuando estamos tranquilos, sino como una burla o un cuestionamiento.

No es malo emocionarse, lo importante es aprender a controlar las emociones para saber cuándo están trabajando a nuestro favor y cuándo en nuestra contra. Mi recomendación es que, si estás sintiendo una emoción muy fuerte, sea buena o mala, evites tomar decisiones importantes. Las amígdalas estarán bloqueando el trabajo de nuestra corteza prefrontal, que es la encargada del razonamiento y la inteligencia.

La importancia de controlar mis emociones

La corteza prefrontal, la región más inteligente del cerebro, es la que se encuentra justo atrás de la frente y arriba de los ojos. Esta parte del cerebro es la encargada de tomar decisiones y, por lo tanto, también de inhibir los impulsos inapropiados. En esta área cerebral se supervisan errores, se controla la atención, el pensamiento y se analizan los recuerdos. Es importante mencionar que también es aquí en donde se encuentran nuestros dos frenos sociales: la culpa y la vergüenza.

Cuando percibimos una amenaza se activa el mecanismo neuronal que nos ayuda a protegernos cuando hay peligro, en ese momento se inhibe nuestra corteza prefrontal. Este es un proceso natural del cuerpo, pero cuando esto se sostiene de manera prolongada (más de tres horas por día) nos puede llegar a enfermar, generando la muerte de neuronas de la corteza prefrontal. Cuando este padecimiento es crónico o repetitivo puede llegar a generar una pérdida de materia gris en esa parte del cerebro.

La razón neuronal por la cual las mujeres tienen más angustia y los varones más estrés

Los cerebros de las mujeres tienen una mayor conectividad neuronal entre ambos hemisferios cerebrales, en promedio 30% mayor al de los varones. Además, el hipocampo femenino tiene una mayor densidad neuronal, lo cual se refleja en una mayor capacidad para asimilar el conocimiento y una mejor memoria. El cerebro femenino es capaz de liberar una mayor concentración de dopamina, neurotransmisor que genera la motivación, y oxitocina, la hormona del apego y el amor.

Estas bases fisiológicas son las causantes de algunas diferencias en el comportamiento entre hombres y mujeres, de las que se ha hablado por años y que hasta parecen leyendas urbanas, pero que en realidad son generadas por las diferencias entre nuestros cerebros. Por ejemplo:

- Después de una situación estresante o ante una amenaza, las mujeres recuerdan más detalles de lo que pasó.
- Las mujeres pueden ser más emotivas y cariñosas.
- Interpretan los sucesos de una manera más rápida, lo que ha generado la leyenda de que tienen un sexto sentido que les permite predecir el futuro.
- Se angustian más que los hombres.

Las hormonas femeninas, en especial el 17 beta-estradiol (el principal estrógeno), incrementan la velocidad de conducción y favorecen la liberación de neurotransmisores, en especial de la dopamina. Por lo que una mujer, a la mitad de su ciclo menstrual, es decir, durante su ovulación, se adapta mejor a las situaciones de estrés o ante los detonantes de la ansiedad. Sin embargo, cerca o durante su

275

menstruación, disminuyen los estrógenos y en consecuencia también la liberación de dopamina.

Explicado de una manera muy simple, esta es la razón por la que una mujer durante la menstruación puede sufrir de:

- Mayor ansiedad y estrés.
- Disminución de manera contundente de su buena actitud.
- Ser más propensa a llorar.

Las mujeres deben tener mucho cuidado cuando sus niveles de estrógenos disminuyen, esto las hace más propensas a sensaciones negativas:

- Enfado, llanto o sensación de abandono.
- Cuadros de depresión.
- Aumenta la probabilidad de caer en adicción a drogas, en especial fumar.

Por todo esto se dice que, en general, las mujeres tienen una probabilidad 50% mayor a los hombres a padecer ansiedad.

En contraste, el cerebro de los varones tiene más grande el hipotálamo (10%) y las amígdalas cerebrales (60%), por lo que su capacidad de memoria a corto plazo es menor y su interpretación social y lingüística es muy pobre.

Los altos niveles de testosterona causan a los hombres:

- Tener una forma más simple de analizar la información negativa.
- Ser competitivos socialmente.
- Tener un pobre análisis interpretativo.
- No ser detallistas.
- Tener una gran tendencia a ser reactivos.
- En ocasiones pueden ser violentos ante situaciones estresantes.
- Ser más vulnerables al estrés constante y a las situaciones problemáticas crónicas.

La importancia de la vida entre los 7 y 14 años

Entre los 7 y 14 años todos los seres humanos reorganizamos y hacemos nuevas conexiones entre el giro del cíngulo, la amígdala cerebral, el hipocampo y la corteza prefrontal. Lo que significa que estos años son cruciales en nuestra etapa de desarrollo, ya que se definirán muchos de los comportamientos de nuestra vida adulta.

¿Por qué es un periodo crítico? En esta etapa si un niño ve mentiras, es testigo de abandono o sufre violencia, sus redes neuronales se ajustarán de acuerdo con el estímulo negativo que está recibiendo, es decir, comenzará a percibirlo como normal. Los adultos violentos, mentirosos, histriónicos o caprichosos aprendieron a ser así porque entre los 7 y 14 años sus neuronas se conectaron para detectar los impulsos negativos y los fueron habituando.

Además, es en esta etapa cuando aprenden a interpretar las emociones de los otros y las propias. El no aprender esta habilidad tiene consecuencias bastante duras:

- No detectan los peligros o riesgos.
- No les importan las consecuencias de sus actos.
- No saben valorar su conducta.
- No conocen sus sentimientos.
- No identifican los sentimientos de las personas con las que interactúan.

En consecuencia, el cerebro de estos individuos no se sabe comportar socialmente y no sigue las reglas de conducta y convivencia. Ante ciertas situaciones interpretan que no les va a suceder nada; se sienten inmunes a riesgos epidemiológicos o minimizan las consecuencias sociales de sus actos. No es que sean irresponsables de un día para otro, habrá que analizar qué les sucedió en su infancia y adolescencia para entender su falta de solidaridad o su apatía por los demás. Por eso les digo a todos los que se sienten con la capacidad de juzgar que detrás de una persona difícil siempre hay una historia complicada.

Después de los 14 años, las conexiones neuronales ya formadas pueden modificarse, pero a las neuronas les va a costar más tiempo y recursos modificar o realizar cambios anatómicos. De ahí la importancia de buscar ayuda por medio de una terapia psicológica adecuada para cada situación. El tiempo que se le deberá dedicar a la terapia estará basado en el tipo de cambios neuronales que se tienen que lograr, a la cantidad y profundidad de los recuerdos a analizar y a la edad en la que decidas iniciar tu tratamiento.

Guía práctica para aprender a tratar nuestras emociones

- Debemos reconocer el sentimiento de tristeza, aceptarlo y delimitarlo.
- Podemos cambiar gradualmente la preocupación por ocupación.
- La pérdida de sueño siempre será un evento anormal, por lo que debemos tomar medidas para dormir mejor.
- Para combatir el desánimo le debemos dar al cerebro argumentos basados en objetivos cumplidos.
- Al miedo se le debe enfrentar y encontrar su origen.
- Al coraje le tienes que encontrar una explicación.
- Si te sientes indefenso(a), incrementa tu autoestima.
- Al estrés es conveniente conducirlo con objetividad, encontrando nuestros detonantes

y, en paralelo, aprender a jerarquizar la magnitud de nuestros problemas.

- A la ansiedad se le puede empezar a manejar a través del control de la respiración y siendo consciente de las circunstancias que la generan.

Todas estas acciones tienen el propósito de darle el control a la corteza prefrontal para que no sea dominada por la amígdala cerebral. Es necesario aprender a buscar el control de nuestro estado emocional; habría que empezar por hacer consciente la información negativa que nos provocan los estados de miedo y ansiedad.

Trata de cambiar el consumo de información negativa por información que te motive y te ayude a crecer, ten conversaciones enriquecedoras, cuenta anécdotas con emociones positivas, trata siempre de compartir ante cualquier situación lo que construye en lugar de lo que destruye.

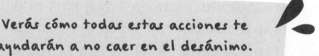

Verás cómo todas estas acciones te ayudarán a no caer en el desánimo. En el momento en que empieces a plantearte objetivos reales y que te motiven, empezarás a generar más dopamina y serotonina que te ayudarán a mejorar tu estado de ánimo y tu actitud desde tu cerebro.

La magia de la actividad física

Hacer rutinas de ejercicio cambia la manera en la que valoramos la realidad de forma inmediata; el giro del cíngulo cambia su regulación, metabolismo y conexión. Se ha identificado que las personas que realizan ejercicio físico entre 10 y 20 minutos diarios son capaces de aumentar la atención, la memoria y el aprendizaje, además de cambiar su actitud ante situaciones de estrés.

Si revisamos a los líderes más sobresalientes del mundo, la gran mayoría tiene una rutina diaria de ejercicio que les permite enfrentar las cargas de estrés y trabajo. Aquí te comparto algunos ejemplos de personas que no se pierden su dosis de ejercicio diario:

- Bob Iger, ex-CEO de Disney: se levantaba a las 4:15 a. m. todos los días a hacer cardio y pesas.

281

- Dwayne Johnson "La Roca", el actor mejor pagado del mundo: comienza con una rutina de cardio de entre 30 y 50 minutos. Luego, tras un aperitivo, hace pesas. Sigue un entrenamiento de seis días a la semana.
- Barack Obama, expresidente de los Estados Unidos: recién despierta, hace 45 minutos de ejercicio cardiovascular en el gimnasio o entrena, además de jugar baloncesto con amigos. Este entrenamiento es irremplazable e inamovible en su rutina diaria.
- Kamala Harris, vicepresidenta de Estados Unidos: hace ejercicio todos los días, independientemente de cuántas horas haya dormido. Acostumbra correr, hacer elíptica o toma clases de *soulcycle*.
- Christin Lagarde, primera mujer en liderar el Fondo Monetario Internacional: hace 20 minutos de yoga al despertar. En su juventud fue campeona de nado sincronizado.

La sana disciplina de un deporte o un ejercicio fortalecen la mente humana, permiten cambios neuroquímicos y favorecen conexiones neuronales para adaptar mejor al cerebro a las situaciones de tensión y estrés. El ejercicio físico también contribuye a que el cerebro realice los procesos de regulación de los ritmos de los ciclos de sueño y vigilia.

Otras actividades que te ayudarán a regular tus emociones y a mejorar tu actividad cerebral

Toca un instrumento musical: el proceso de ejecutar y memorizar notas musicales incrementa las conexiones entre las redes neuronales de la corteza prefrontal y el hipocampo, al mismo tiempo que disminuye la hiperactividad de la amígdala cerebral y el giro del cíngulo. El resultado de esta nueva comunicación neuronal te ayudará a mejorar tus habilidades para manejar situaciones de riesgo.

La lectura: incrementa la capacidad cerebral de crear nuevas ideas y favorece la memoria. Veinte minutos de lectura al día ayudan a la relajación, a generar sentimientos de felicidad y a reducir la tensión.

La meditación: es una de las opciones para reducir los niveles de estrés y ansiedad. El ser conscientes de nuestra respiración ayuda a modificar el tono y la frecuencia respiratoria y cardíaca, que son los principales factores de expresión en un cuadro agudo de ansiedad. Diversos estudios clínicos han corroborado que un cerebro que medita es capaz de modificar la liberación de los neurotransmisores, como oxitocina, serotonina y endorfinas, los cuales son responsables de las conductas positivas, además de incrementar contundentemente la regulación de afectos y apegos.

La alimentación: es un factor fundamental para el adecuado manejo de situaciones de estrés. Una flora intestinal sana nos garantiza mejores estrategias neurofisiológicas. Por ejemplo, las bacterias del intestino son las responsables de sintetizar cerca de 70% de la serotonina que utiliza el cerebro. Una buena salud intestinal va en relación con un mejor ánimo y una menor probabilidad de padecer depresión.

Cuidado con la tecnología

Hay que saber utilizar los medios de comunicación en situaciones de estrés y también en nuestro tiempo libre, en especial las computadoras, los teléfonos inteligentes y las tabletas. Estos aparatos pueden entretenernos, podemos ver conciertos musicales, realizar visitas virtuales a museos, ver obras de teatro, escuchar y ver óperas, y toda una serie de propuestas maravillosas que ayudan al cerebro a disminuir sus niveles de preocupación.

Sin embargo, no es conveniente meter la tableta o el teléfono celular a la cama en horario de sueño. Hacerlo llevará a que el cerebro se estimule, cambie la liberación de algunas hormonas relacionadas con el sueño (como la melatonina y la anandamida) y con ello se prolongue el estado de vigilia. Diversos estudios indican que, si nos quedamos dormidos con el televisor encendido o con el teléfono celular activado se genera una sobreestimulación que puede hacer que el cerebro cambie la síntesis de varios neurotransmisores en la noche, en especial la serotonina. Con ello potenciamos la probabilidad de padecer trastornos de sueño.

Las redes sociales se pueden convertir en el principal generador de estrés o ansiedad para muchas personas. Es importante desconectarse de ellas cuando resultan molestas o generadoras de miedo o irritación. Los jóvenes en especial son muy vulnerables ante lo que se publica en estos medios, por lo que es importante entender que la vida no se centra en un "*like*" ni se define por lo que otros digan u opinen.

La importancia de la terapia para sentirte mejor

Sin lugar a dudas la terapia psicológica es el tratamiento más efectivo para el manejo de los miedos y la ansiedad cuando estos se han desbordado. En especial, la terapia cognitivo conductual y la terapia Gestalt son las que más beneficios han logrado en el manejo de las crisis de ansiedad. En estas terapias se modifica la interpretación de los generadores del miedo o la ansiedad, así como se cambia la relación con los pensamientos negativos.

En lugar de decir "Échale ganas" mejor sigue estos puntos y verás los cambios que puedes lograr:

1. Si en verdad queremos ayudar, es mejor decir palabras que acompañen y comprometan, no que corten la comunicación. En el pedir está el dar, en modular las palabras está el influir y convencer.

2. Las neuronas del hipotálamo ponen más atención entre las 9 de la mañana y las 12 del día; por lo tanto, este puede ser uno de los mejores horarios para hablar con una persona a la que deseamos ayudar. En los adultos, uno de los mejores horarios para hablar es antes del mediodía y en los adolescentes de 7 a 9 p. m. Aprovecha esos horarios para conversaciones importantes en las que quieras que, tanto tu cerebro, como el de la otra persona, estén en condiciones óptimas y receptivas.

3. **La soledad puede generar daños en el cerebro humano.** Una soledad intempestiva, abrupta, no escogida o sufrida por el abandono incrementa la adrenalina y el cortisol en el cerebro. Las personas que sufren de soledad difícilmente cambian actitudes u opiniones. Debes tener mucho cuidado al tratar de ayudar a personas en estas condiciones, ya que tienden a querer demostrar que ellas siempre tienen la razón. Por lo que, si les sugieres que cambien alguna actitud, puedes generar el comportamiento contrario de su parte, todo para demostrarte que ellas estaban en lo correcto, incluso cuando eso en que "tienen la razón" resulte dañino para su salud o les haga sentir mal. Para una persona que vive, piensa y ejecuta ideas en soledad le va a resultar difícil escucharte.

4. El cerebro de los adolescentes comúnmente realiza el fenómeno "Romeo y Julieta". Este consiste en hacer exactamente lo contrario de lo que un adulto o una persona con experiencia les recomienda. Hay que considerar que el cerebro de los jóvenes (antes de los 25 años) libera más dopamina que en cualquier etapa de su vida, esto los hace sentirse poderosos, invulnerables, perfectos y sin errores. Si en esta etapa de la vida no se retroalimenta, se explica o dan argumentos ante una situación, va a ser muy difícil que un joven cambie su comportamiento;

por el contrario, cuando impones sin el diálogo puedes reforzar lo que quisieras que el joven cambie. Querrá demostrar que él estaba bien y tú no. Gradualmente, al paso de la vida, la dopamina disminuye en el cerebro y esto nos va haciendo más inteligentes en la toma de decisiones, somos menos impulsivos y nuestras acciones estarán más regidas por las experiencias pasadas. Por lo tanto, con niños, adolescentes y jóvenes, entre más les lleves la contraria a sus ideas, más dopamina generarán y puede resultar más complicado que acepten los cambios que tú propongas.

5. **El peor momento para querer encontrar una solución es durante la discusión.** El cerebro va cambiando la forma de pensar a lo largo de los días. En un ambiente de adecuada salud mental, las neurociencias indican que 75% de nuestras opiniones y decisiones son subjetivas, es decir, son cambiantes. Cada uno de nuestros pensamientos va cambiando a lo largo de la vida y, entre más los recordemos, más podemos modificarlos. Nuestros recuerdos van cambiando conforme pasa el tiempo; por lo que se sugiere esperar al menos 48 horas antes de intentar solucionar una discusión, así damos tiempo a que disminuya el estado neuroquímico del cerebro, logramos hablar las cosas con calma y estar abiertos a otras ideas.

6. Un cambio importante no es inmediato. Para hacer modificaciones neuronales como las que se requieren para cambiar una opinión, una conducta o para modificar límites es necesario gestar un proceso neuronal gradual y paulatino. Esto exigirá constancia, como mínimo durante 28 días en los que se empiezan a generar los cambios en hábitos o en las formas de pensar.

    Desde el punto de vista anatómico fisiológico los hábitos dependen de la comunicación entre la corteza prefrontal y la amígdala cerebral. Este proceso se da por medio de la creación de las fibras neuronales y para que estas se puedan crear se requerirá de 28 días para que la corteza prefrontal conecte, module y modifique la manera en que se inicia una emoción o se producen cambios en la interpretación de ideas. Por lo tanto, una persona que quiera cambiar de hábitos o quiera mejorar su estado de ánimo debe hacerlo de manera repetitiva, teniendo claros los objetivos a cumplir, teniendo reforzamientos y motivaciones constantes.

7. La mejor manera de proponer un cambio al cerebro es demostrándole empatía, dándole ejemplos claros y acompañándolo en el proceso. Estas acciones harán que esté presente la oxitocina, que genera cambios maravillosos en la conducta humana.

8. Si realmente quieres cambiar, aparte de lo comentado con anterioridad, es necesario dormir bien, comer de forma adecuada y premiarte para que puedas generar una sensación de satisfacción. Bajo estas circunstancias el cerebro humano aprende mejor y es más propenso al cambio. Por otro lado, la violencia, la crítica constante, la imprudencia y la intolerancia son elementos que generaran cortisol y modificaciones neuronales de corto plazo que impedirán que una persona cambie para bien o se adapte a nuevas circunstancias. Para que nuestro cerebro funcione de la mejor manera tenemos que proporcionarle las condiciones adecuadas, de lo contrario, nos arriesgamos a dañar nuestra autoestima al no obtener los resultados esperados. Lo más triste de todo es que no será por falta de capacidad, sino por no dotar a nuestro cerebro de los elementos necesarios para funcionar de forma óptima.

9. Nunca dejes de aprender. Conectar neuronas a través de conocimientos previos favorece la toma de decisiones. Esperar cambios inmediatos en la conducta o el proceder de alguien nunca será la mejor opción.

   Para desactivar la red neuronal que queremos cambiar, es necesario:

- Que reconozcas los detonantes negativos.
- Apreciar la importancia de la familia y los verdaderos amigos.
- Reconocer las fallas.
- Conocerte bien.

10. Aprende a perdonarte y a pedir disculpas. Estos dos factores generan procesos químicos en el cerebro que también influyen de manera positiva para ayudar a cambiar hábitos.

15

Pensamos mucho las cosas

Lo peor de pensar mucho, es pensar para mal. Esta maravillosa capacidad de tener pensamientos puede convertirse en nuestra peor tragedia, al imaginar drásticos escenarios ante diversas circunstancias. El tan nombrado "Y si...": "Y si no nos va bien en el negocio", "Y si me enfermo", "Y si mi hija se casa con...", "Y si no se casa". La lista podría ser interminable por las múltiples posibilidades que tenemos ante lo impredecible. Como resultado llega la ansiedad que puede convertirse en una enfermedad crónica.

Si vemos a un niño menor de siete años jugar nos daremos cuenta de que, desde su inocencia, no ha aprendido a intentar prever el futuro o a preocuparse por lo que sucederá o no sucederá. Un niño de esa edad se pelea en la escuela, se va a su casa y, literalmente, se olvida de lo sucedido. Si recuerda algo, no suele darle mucha importancia.

En mi caso empecé a preocuparme después de los siete años. Sentía que no era tan inteligente para contestarle correctamente a la maestra sin ser presa de las burlas de mis compañeros que, casi siempre, inician en esa misma etapa. Antes de esa edad un niño se cae y los demás no se ríen, voltean, difícilmente se conmueven al grado de querer ayudarle a levantarse, pero no se burlan, no existe el *bullying* en etapa pre-escolar; sólo algunos niños, por no saber canalizar ciertas cosas, las expresan con agresividad. El que un niño aprenda a burlarse de otro tiene que venir de alguna parte, por lo general, de su misma casa y de lo que se le permite ver en películas, caricaturas o series.

Por increíble que parezca, recuerdo perfectamente el miedo que sentía después de los siete u ocho años por no tener la capacidad de algunos de mis mejores amigos del colegio. No sé a quién se le ocurriría la idea de entregar las calificaciones mensuales en orden, del promedio más alto al más bajo. ¡Imagínate la vergüenza de no escuchar tu nombre dentro de la primera mitad de la lista! Sentía que el tiempo se volvía eterno y que todas las miradas de mis compañeros de primaria y, posteriormente de secundaria, iban dirigidas a mi persona. Tampoco era de los últimos, pero sí de los de en medio. Calificaciones de 8 o, cuando mucho, 8.5.

Lo mismo sucedía cuando el profesor de educación física, con cero conocimiento en desarrollo humano o autoestima —que, dicho sea de paso, en mi infancia ni se mencionaban estos temas como ahora— pedía que todos nos pusiéramos de pie y pasaba al frente a los que mejor jugaban futbol, entre los que obviamente yo no me encontraba. Ellos fungirían como capitanes y elegirían a quienes deseaban tener en sus equipos. Mientras todos nos manteníamos de pie, los capitanes iban eligiendo de los mejores a los peores. Casi siempre yo estaba al final de los elegidos. Ahora que ha pasado el tiempo me pregunto si no habría otra forma más adecuada y menos traumatizante para elegir o distribuir los equipos.

Desde entonces me di cuenta de que yo pertenecía al grupo de niños que pensaba mucho las cosas porque, de tanto pensar llegué a muchas conclusiones absurdas como: "Si no soy lo suficientemente bueno en matemáticas o química, no seré alguien importante en la vida" o "Si no soy elegido al inicio, como uno de los mejores para jugar con el que mejor lo hacía, no tendré aceptación en el futuro". Al pasar el tiempo pensaba mucho en si iba a exentar un examen final o no iba a pasar el año escolar.

Me convertí en joven y pensaba en lo que podría pasar por la cabeza del maestro que me veía feo cuando pasaba a mi lado. Me dolía cuando no me invitaban a una fiesta a la que sí irían varios de mis amigos. ¿Qué hacía? Pensaba y pensaba en las razones por las cuáles sucedían esas cosas. Pensaba mucho las razones por las que Mariana nunca quería bailar conmigo en los bailes a los que asistíamos. Mariana siempre me decía que no tenía ganas de bailar cuando, después de pensar mucho, me había atrevido a acercarme a invitarla. "Estoy cansada", me decía. Obviamente rodeada de sus amigas que se reían ante la negativa y mi insistencia, sumadas a las risas de mis amigos que en un principio me animaron a sacarla a bailar.

Pensaba y pensaba sobre la razón por la cual a Mariana se le quitaba el cansancio, minutos después, cuando Rogelio la invitaba a bailar, o también cuando Arturo la invitaba. Y luego, de bruto, volvía a pedirle que bailara conmigo y obtenía la misma negativa. ¿Qué hacía? Pensaba y pensaba las posibles razones que tenía para no bailar conmigo. Así pasé la mayor parte de mi vida, pensando mucho las cosas.

Conforme ha pasado el tiempo me doy cuenta de que no soy el único con tan nefasto hábito. He conocido a mucha gente que, por pensar tanto las cosas, no se atreve a iniciar un negocio que puede ser el principio de su independencia financiera. Amigos y conocidos que piensan y piensan sobre los cambios que deberían hacer en sus vidas, pero no los hacen por miedo a salir de la *zona de confort*, que, por cierto, de confortable no tiene nada, porque desde el momento en que no estás feliz en donde estás, con quien estás o en lo que haces, significa que necesitas urgentemente un cambio.

Prefiero cambiar el término de *zona de confort* por *zona de evitación*:

1. Evito el cambio por lo que puede representar en mi vida.

2. Evito hablar para no herir susceptibilidades.
3. Evito opinar para no ser protagónico y que las miradas volteen hacia mí.
4. Evito una propuesta de mejora por la responsabilidad que conlleva.
5. Prefiero evitar para no meterme en broncas y agrego la frase tranquilizadora: "Más vale bueno por conocido, que malo por conocer."

Con todo lo que he dicho hasta el momento y lo que voy a decir, no quiero restarle importancia a la capacidad que tenemos de prever riesgos y analizar los mejores escenarios ante lo que vivimos. Pero lo cierto es que hemos exagerado a tal grado que vivimos en un continuo estrés por pensar y pensar las cosas, sobre todo, para evitar el sufrimiento.

Pensar mucho en el pasado y en el futuro puede causar tristeza y ansiedad. La mayoría de los procesos donde la ansiedad se hace presente sin causa aparente pueden estar guardados en la mente subconsciente y, por lo general, tienen que ver con el pasado y esas ganas de querer cambiarlo que causan sufrimiento. Pensamos en lo que hicimos, lo que no hicimos o lo que debimos de hacer. Nos obsesionamos con lo que quisiéramos no haber vivido o con un futuro incierto. La intervención terapéutica con un profesional es lo ideal. Si deseas iniciar el proceso de sanación deja de vivir en piloto automático y toma el tiempo necesario para analizar qué situación del pasado altera tanto tu presente.

Son muchos los casos que conozco de adultos que se martirizan en el presente por una infancia dolorosa que desearían no haber vivido; piensan una y otra vez lo diferente que pudo ser su vida. Entre los muchos casos de este tipo se encuentran las dolorosas situaciones de violencia y abuso que han vivido millones de niños, la falta de afecto de sus padres o la gran cantidad de niños que, desde el vientre materno, se sintieron rechazados al ser hijos no deseados. En Psicoterapia Gestalt he aprendido que las crisis que viven las mamás son transmitidas a los hijos durante el embarazo, incluyendo la ansiedad, el miedo, la incertidumbre y otras emociones.

Procura encontrar momentos de soledad en los que puedas buscar en el baúl de tus recuerdos de la niñez o juventud esos momentos críticos que pudiste haber interpretado de una manera tajante e hiriente. Si tiendes a sentir ansiedad y a pensar en todo y en nada con esa taquicardia incesante que no puedes controlar, es momento de acudir a terapia.

Es increíble la cantidad de gente que me ha compartido sus ansiedades, aparentemente sin causa, pero que con las preguntas correctas descubre el factor que las detona. Un momento en el que te hicieron sentir que no eres importante, suficiente o merecedor del amor, ese instante en el que te sentiste culpable por no cumplir lo que alguien de autoridad te pidió, la gran cantidad de culpa almacenada en la infancia por conflictos de toda índole, incluyendo sexuales.

Como lo expresa mi profesor de psicoterapia, el doctor Fernando García Licea, en su libro *Procesos básicos en psicoterapia Gestalt*, se asume que los juegos que vivimos de niños carecen de juicios de valor, pues en lo que menos piensa un niño es en si está bien o mal lo que hace. El lóbulo prefrontal de nuestra mente es el encargado de ayudarnos a deliberar qué es lo que nos hace bien y lo que no. Esta parte del cerebro termina de madurar, como lo comenté, a los 21 años, por lo tanto, cuando somos niños, la culpa, el temor, el pecado y la vergüenza se inserta en nuestra vida gracias a los mayores y su imperioso afán de "educar". Hay un gran desconocimiento de que, por naturaleza, los niños se están autodescubriendo.

Por eso, cuando en la infancia aparece un problema relacionado con la sexualidad es común que se evite pensar una y otra vez en eso. Lo ideal es que nos detengamos, lo analicemos y, sobre todo, tomemos conciencia de ello; perdonarnos, liberarnos y dejar de castigarnos por lo que vivimos en la infancia. Reitero, es necesario tratarlo en terapia y sanar heridas infectadas de culpabilidad. De no hacerlo, tarde o temprano, cobrarán factura, ya sea en nuestras relaciones adultas o en procesos de ansiedad y miedos cuyos orígenes decimos desconocer. Claro que cuando es una situación grave respecto a la sexualidad infantil, como el abuso o intento de violación, el terapeuta juega un papel preponderante para superar todas las crisis que conlleva tan difícil experiencia.

Recuerda que el cuerpo grita lo que tu mente y tu boca callan. Cualquier situación emocional no tratada correctamente se manifiesta en el cuerpo con migrañas, dolores recurrentes, enfermedades gastrointestinales, faringitis, laringitis o ansiedad. Hacer consciente lo que guardamos en nuestro baúl de los recuerdos por protección, miedo a enfrentar una realidad o, simplemente, por no darle la importancia adecuada, se traduce en enfermedad.

No es tan difícil evitar complicarnos la existencia si aplicáramos las siguientes sugerencias. A mí me han funcionado para evitar pensar tanto las cosas y evitar decir la frase inoportuna que de nada ayuda: "Hay que echarle ganas para no pensar tanto." ¡Por favor! ¡No más!

1.   **No intentes no pensar**
      "No voy a pensar en eso", como si fuera tan fácil desenchufar el pensamiento y seguir con nuestra vida. La mente es muy compleja y evitar pensar en algo nos lleva a pensarlo más. Si ahorita te pido que pienses en lo que sea, pero que por ningún motivo sea en una cebra, dime, ¿en qué pensaste? En una cebra, claro. Observa ese pensamiento que te atormenta, analízalo, dile que, por lo pronto, no puedes hacer nada por él. Cuando vuelva di nuevamente, si puedes y quieres en voz alta: "No puedo atenderte en este momento." Deja que se vaya así como llegó. Te recuerdo que la mente trabaja en auto-

mático, si dejas una idea abierta suele permanecer activa.

2.   **¿Qué puedo hacer hoy por mí?**
Esta pregunta nos ayuda a regresar nuestra mente al presente. ¿Hay algo que pueda realizar para no seguir pensando en lo que tanta energía me consume? En el presente, en el aquí y el ahora, ¿puedo hacer algo para mejorar la condición o la situación que absorbe tanto mi tiempo? Si es algo relacionado con el pasado ayudará saber cuál es el aprendizaje obtenido, recordar qué es lo que sí puedo solucionar de ese pasado que me inquieta tanto y recordar que, en su momento, tomé una decisión que creí que era la correcta.

Siempre es bueno regresar al presente y preguntarnos si lo que tanto pensamos tiene una solución inmediata o no. Si la respuesta es no, es necesario que te lo digas. Utiliza tu nombre y di: "César, no puedes hacer nada en este momento para solucionarlo." Y si la respuesta es sí y puedes hacer algo entonces inícialo lo antes posible. Si lo que tanto piensas es en cómo llegar a tiempo a una cita importante y el tráfico te lo impide piensa: "Puedo buscar rutas alternas." Si lo que piensas es en un problema que tienes con alguien, quizás un mensaje puede aligerar la carga: "Me gustaría hablar contigo mañana sobre la situación que se suscitó el día de ayer." Si es un problema con un hijo o pareja no dejes que pase más tiempo si no puedes sacarlo de tu cabeza. Busca un momento para iniciar el proceso de negociación o solución del conflicto. Reitero, si no puedes hacer nada evita estar perdiendo tu tiempo y dando rienda suelta a tus pensamientos que hacen y deshacen contigo.

3.   **Evita rumiar los pensamientos**
Perdón por utilizar esa palabra, pero fue la más contundente que encontré para que no olvides esto. Las vacas regurgitan la comida y la vuelven a masticar varias veces. Traemos a nuestra mente el mismo pensamiento una y otra vez como si con eso fuéramos a solucionarlo. Te sugiero que cuando llegue esa historia que te has contado una y otra vez le pongas un alto. Di las palabras: "¡Alto! ¡Basta!" Ponle freno a la novela llena de intrigas y problemas que nuevamente te estás contando. Modifica su evolución con un mejor escenario y no permitas dar rienda suelta a los pensamientos que te hacen sentir mal. No le pongas etiqueta de pensamiento negativo porque *es sólo un pensamiento*. Cuando entendemos esto le quitamos el poder. Cuando creemos que lo que pensamos es una realidad es cuando dañamos a nuestro ser porque lo que está sucediendo en nuestra mente es vivido, inconscientemente, como real. Tus

propios fantasmas se vuelven tan grandes que quieres luchar contra ellos y no existen. Reitero, son pensamientos.

Sadhguru le llama diarrea mental y hace una comparación con la diarrea física. Cuando se tiene diarrea lo primero que tenemos que hacer es dejar de consumir alimentos. En el caso de la mente hay que parar esos pensamientos porque tendemos a identificarnos con ellos, con algo que no somos, por lo que es fundamental pasar al siguiente paso.

Te comparto un truco para controlar tus pensamientos repetitivos. Mantén tu mirada fija durante dos minutos en un punto, obviamente con los ojos abiertos. Resulta que, para que tu cerebro pueda procesar pensamientos y acceder a los recuerdos necesita mover los ojos, por lo que, si te concentras en un punto le dificultarás la actividad de pensar y recordar, y estará concentrado en el punto de mira. Practícalo y verás.

4. **Procura distraerte**
    Cuando detectes que estás pensando mucho algo y no llegas a nada productivo, procura distraerte; toma un libro, escucha música, haz una llamada a alguien que te sume en la vida, envía un mensaje a quien sabes que te hace sentir bien. Quienes son realmente felices tienen la maravillosa capacidad de distraerse y concen-

trarse en actividades que les causen placer. Distraerte cambiando de ambiente siempre será una muy buena decisión, ya que, si sigues en el mismo sillón dándole vueltas a lo mismo, será más difícil evitar la secuencia. Ponte en pie, da un paseo, respira hondo y continúa con lo que sigue.

5. **Dedica tiempo para pensar mucho**
Por irónico que parezca, nuevamente se aplica la frase que dice: "A lo que te resistes, persiste." Si hay algo que te preocupa mucho, disponte durante 15 o 20 minutos del día a pensar sólo en eso, pero teniendo la determinación de que no pensarás más en ello el resto del día. Si la cita para pensar demasiado en algo es de 6:00 p. m. a 6:30 p. m., sólo en ese lapso podrás dar rienda suelta a la bola de pensamientos desgastantes que no sirven para nada. En esos minutos procura poner dos condiciones: no estar ansioso o triste y respetar el tiempo destinado.

Te puedo asegurar que lo hice durante unos días hasta que descubrí que de nada servía dedicar esos minutos a lo que no podía solucionar en el momento. Después se me olvidó por una temporada. Ahora, automáticamente, cuando empiezo a pensar en algo que no puedo solucionar, procuro poner un tiempo para analizarlo y luego lo dejo, o simplemente le digo al pensamiento: "No puedo dedicarte más tiempo."

No basta con echarle ganas a una vida
que deseamos que sea agradable.
Necesitamos conocimientos que nos
ayuden a sacar esa mejor versión
que tenemos de nosotros y compartirla
con los demás.
Deseo que todo lo que leíste en este
libro te ayude a pensar menos en lo
que no puedes mejorar y actuar más
en lo que sí puedes. Bendecir
y agradecer por todo lo que sí tienes
y dejar de enfocar toda tu energía
en lo que te falta.

Hace tiempo leí esta frase que supuestamente es de Walt Disney: "De nada sirve ser luz si no iluminamos el camino de los demás."

Sigue brillando por ti y por la gente que te sigue. Sigue siendo luz de esperanza donde hay ausencia de fe; sigue iluminando con tu luz el camino que recorres y ayuda, en lo posible, a todos esos seres con los que la vida te permite coincidir, raramente, por casualidad.